经济与金融的非适定预测

王潼 著

图书在版编目(CIP)数据

经济与金融的非适定预测 / 王潼著. --北京：当代中国出版社，2015.11

ISBN 978-7-5154-0643-5

Ⅰ. ①经… Ⅱ. ①王… Ⅲ. ①经济学—研究②金融学—研究 Ⅳ. ①F0②F830

中国版本图书馆 CIP 数据核字(2015)第 258652 号

出 版 人　曹宏举
策划编辑　王延新
责任编辑　王延新
责任校对　康　莹
封面设计　信宏博
出版发行　当代中国出版社
地　　址　北京市地安门西大街旌勇里 8 号
网　　址　http://www.ddzg.net　邮箱：ddzgcbs@sina.com
邮政编码　100009
编 辑 部　(010)66572264　66572154　66572132
市 场 部　(010)66572281 或 66572155/56/57/58/59 转
印　　刷　北京润田金辉印刷有限公司
开　　本　880 毫米×1230 毫米　1/32
印　　张　3 印张　71 千字
版　　次　2015 年 11 月第 1 版
印　　次　2015 年 11 月第 1 次印刷
定　　价　49.00 元

前 言

非适定现象和非适定问题，广泛存在于自然界和人类社会生活中。当然，也存在于经济金融预测中。

若一个（自然界或社会）问题的解连续依赖于问题的求解初始条件，则称此问题为适定问题，反之，为非适定问题（ill posed problem）。连续依赖的概念在于，当求解初始条件变化很小时，相应的解变化也很小。

自然界或社会生活中有许多“差之秋毫而误之千里”“牵一发而动全身”的类似“蝴蝶效应”的现象和事件，它们亦可视之为非适定现象和事件，即它们的初始状况（初始条件）变化很小时，其结果可能变化很大。

在任何情况下，加法运算都是适定的；在许多情况下，减法运算是非适定的，例如，在被减数和减数反向变化时，减法运算常显非适定性。

积分运算是适定的。微分运算常显非适定性。

（宏观经济中），增量型经济指标预测，显式和隐式差型（值）经济指标预测，速度型和指数型（增长率）经济指标预测和经济预测模型中常常遇到非适定现象。

本书中，对上述各种经济指标预测和经济模型中的非适定问题，给出判定准则和问题的解算方法，并以我国2014年实际经济情况和有关预测问题为例，说明这些判定准则和使用相应的解算方法。

金融预测（和研究）远比经济预测（和研究）更困难、更复杂。增量型金融指标预测，显式和隐式差型（差值）金融指标预测，速度型和指数型（增长率）金融指标预测中的非适定现象，可以一如相似的经济指标讨论。

现代（电子）金融研究中，广泛使用了许多现代物理学概念，使用了微分方程和积分方程现代理论。

第一类积分方程和第二类积分方程的作用，犹如减法运算和加法运算。许多使用减法运算定义的经济（金融）指标的预测中，常显非适定现象。同样，归结为第一类积分方程求解的（现代）金融预测中，也常现非适定现象。相反，许多使用加法运算定义的经济（金融）指标的预测大多是适定的。同样，归结为第二类积分方程求解的（现代）金融预测大多是适定的。

本书主要使用微分方程和积分方程理论，讨论了金融势论的反演问题，期权定价问题和一些理财产品定价问题中的非适定现象。

许多经济金融工作者，并不熟悉泛函分析理论。本书中，简要介绍了泛函分析基础知识。使用这些知识，读者大体上可以理解非适定问题的实质，接受非适定问题的泛函分析观。

本书中，还从泛函分析的观点，给出经济金融预测非适定问题的一般提法，并深入探讨了经济金融预测不准确性的客观原因。本书坚持和维护（经济、金融）预测科学的严肃性，反对山寨式凭经验和感觉的瞎猫碰死耗子似的（经济、金融）预测。

本书的主要学术贡献在于揭示非适定现象和非适定（经济、金融预测）的根源是减法运算（和微分运算）以及第一类积分方程。

本书虽然局限于经济和金融问题研究，但其概念和方法同样可适用于各种社会问题预测，自然科学问题预测和工程技术科学预测。

读者阅读本书后，可能对“预测”概念会有更深刻、更全面的理解，对预测工作的艰巨性，可能会有更明确的感受。

目　录

序

王潼先生是我非常敬仰的经济预测领域的前辈，曾多年担任预测机构的领导。他多次在国际重要会议上作中国经济和金融预测报告。特别是在担任联合国（亚太）顾问期间，他每年向联合国（亚太）提供中国经济和金融预测报告。他还在中科院大学经济与管理学院授课多年，包括讲授经济和金融预测原理与案例等研究生课程。另外，他还从2006年开始一直担任中科院预测科学研究中心学术委员会的委员，对我们的指导和帮助很多。

在他的新书《经济与金融的非适定预测》中，王潼先生指出：加法运算都是适定的；在许多情况下，减法运算是非适定的，积分运算是适定的，微分运算常显非适定性。归结为第一类积分方程求解的预测中，也常出现非适定现象。他特别指出：（在宏观经济中）增量型经济指标预测，显式和隐式差型（差值）经济指标预测，速度型和指数型（增长率）经济指标预测和经济预测模型中常常遇到非适定现象。此外，他认为金融预测和研究远比经济预测和研究更困难、更复杂。可使用微分方程和积分方程理论，讨论金融势论的反演问题，期权定价问题和一些理财产品定价问题中的非适定现象。这些鲜明的观点，对于我们从事经济预测和金融预测的专业人士来讲，无疑有着重要的学术价值和指导意义。

王潼先生还从泛函分析的角度，给出了经济金融预测非适定问题的一般提法，深入分析了经济金融预测不准确性的客观原因。他坚持和维护经济（金融）预测的科学性，反对山寨式凭经验和感觉的瞎猫碰死耗子式的经济（金融）预测。

《经济与金融的非适定预测》一书指出了研究预测非适定问题的正则化道路，虽然对一些具体的非适定问题的正则化实现尚需进一步研究，但无疑本书提出了一个重要的研究方向、一个有着无穷宝藏的研究方向。

汪寿阳

中国科学院预测科学研究中心主任、研究员

中国科学院大学经济与管理学院院长、长江计划特聘教授

第三世界科学院院士

国际系统与控制科学院院士

2015 年 9 月 1 日

第一章　非适定问题概念

第一节　非适定问题概念

一、非适定问题的概念

若一个（自然界或社会）问题的解连续依赖于问题的求解初始条件，则称此问题为适定问题，反之，为非适定问题（ill posed problem，病态问题）。连续依赖的概念在于，当求解初始条件变化很小时，相应的解变化也很小。解和求解初始条件变化的度量经常使用日常生活的数值（实数数值）；在理论研究时，变化的度量也经常使用某种泛函空间的范数。有时，解和求解初始条件变化的度量可能使用不同的泛函空间的范数。[1.4.5]

自然界或社会生活中，有许多“牵一发而动全身”“差之秋毫而误之千里”的现象和事件，它们亦可视之为非适定现象和事件，即它们的初始状况（初始条件）变化很小时，其结果可能变化很大。[8]

非适定现象和问题，亦可称为不适定现象和问题或病态现象和问题。

下面，用简单计算和图示方法显示非（不）适定问题的概念。

二、加减法运算的适定性

1. 加法运算的适定性

求和（加法）运算问题的求解条件为两个加数，问题的解为所求得的和（数）。

求和（加法）的算式可写为：

A + B = C；

A 和 B 称为加数，C 称为和（数）。

例如，当 A = 1000，B = 950 时，

A + B = C = 1000 + 950 = 1950。

如果上式中两个加数分别变化（例如，增大）1% 时，即 A 变化为 A1 = 1010，B 变化为 B1 = 959.5 时，它们的和变化为：

C1 = A1 + B1 = 1010 + 959.5 = 1969.5；

这时，它们的和数变化了

（1969.5 – 1950）/1950 = 1%；

在上例中，当问题求解条件（两加数）变化很小时（不超过 1%），其解（和数）相应地变化也很小（不超过 1%）。

因此，加法问题（求和问题），加法过程（求和过程），是一"适定"的问题，是一"适定"的过程。

2. 减法运算的非适定性

求差（减法）运算问题的求解条件为被减数和减数，问题的解为所求得的差数。

求差（减法）的算式可写为：

A – B = C；

A 称为被减数，B 称为减数，C 称为差（数）。

例如，当 A = 1000，B = 950 时，

A – B = C = 1000 – 950 = 50。

如果上式中两个被减数和减数分别变化很小（例如，A 减小 1%，B 增大 1%）时，即 A 变化为 A1 = 990，B 变化为 B1 = 959.5 时，它们的差变化为：

C1 = A1 – B1 = 990 – 959.5 = 30.5；

这时，它们的差数变化了

(50 - 30.5) /50 = 39%；

大体来说，在上例中，当问题求解条件（被减数和减数）变化很小时（被减数减小 1% 和减数增大 1%），其解（差数）相应地变化却很大（大约 39%）。

因此，减法问题（求差问题），减法过程（求差过程），在某些请况下（例如，在被减数减小 1% 和减数增大 1% 时）是一“非适定”的问题，是一“非适定”的过程。

同样，不难验证，当在被减数增大 1% 和减数减小 1% 时，减法问题（求差问题），减法过程（求差过程），同样是一“非适定”的问题，是一“非适定”的过程。

下面，分别讨论被减数和减数变化方向对减法问题适定性的影响。

在上例中，不但涉及问题（求差）初始条件变化的大小，还涉及它们变化的方向。

上例中，如果被减数和减数同时增大 1%（或同时减小 1%），那么，它们的差数变化的程度也就维持不变，即当

A1 = 1010 (A2 = 990)，B1 = 959.5 (B2 = 940.5)，

则　C1 = 50.5 (C2 = 49.5)；

显然，

(50.5 - 50) /50 = 1%；(50 - 49.5) /50 = 1%；

因此，在被减数和减数同方向变化很小时，其差变化也很小，即：这时的减法问题仍是适定的！

总结上面的讨论，得出的结论是：在任何情况下，加法运算都是适定的；在许多情况下，减法运算是非（不）适定的，例如，在被减数和减数反向变化时，减法运算常显非适定性。

三、积分微分运算的适定性

1. 积分运算的适定性

积分运算

$$\int_a^b F(x)\,dx = D$$

的求解条件为被积函数 F（x）在区间（a，b）上的取值，解为积分值 D。

（函数）定积分的过程，实际上是一求和的极限过程。因此，当被积函数变化很小时，其在自变数某固定区间上的积分值变化也很小。如下图 1.1 所示。

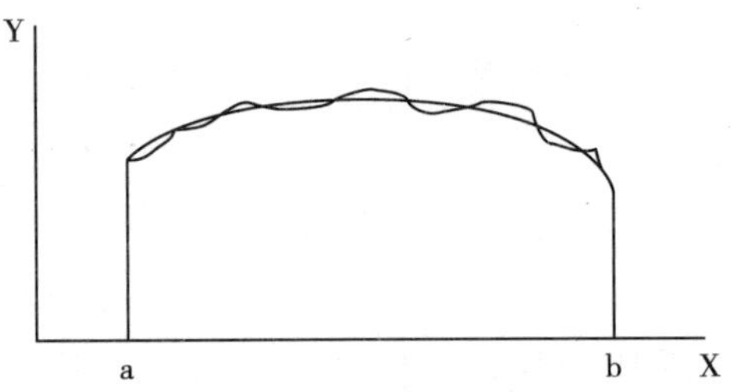

图 1.1　积分运算的适定性

图中，用光滑线绘制的是函数 $Y1 = F1$（x）的图形；用不光滑波浪线绘制的是函数 $Y2 = F2$（x）的图形；两函数的自变量 x 变化区间相同，均为（a，b）。

从图可见：此两函数的函数值，变化很小。或者，当 x 在（a，b）中时，

$$\max_{(a,b)} |Y1 - Y2| = \max_{(a,b)} |F1(x) - F2(x)|$$

很小。（这里，$|x|$ 表示 x 的绝对值；max 表示“最大值”。这里，用这种方法度量求解条件的变化。这也是一个常用的泛函空间 C 的范数。）这时，它们在区间（a，b）上的积分值：

$\int_a^b F1(x)dx = D1$ 和 $\int_a^b F2(x)dx = D2$ 变化也很小。因为此积分值是相应的函数曲线（在自变量变化区间）和 x 轴所夹的面积。

这样，函数（定）积分运算，是一“适定”的运算，即已知函数而求其（定）积分值的过程，是“适定”的过程。

2. 微分运算的非适定性［7］

求一函数的导数（微分）的过程与积分的过程，不尽相同。求一函数的微分（导数）

$$F'(x) = dF(x)/dx$$

示于下图 1.2。

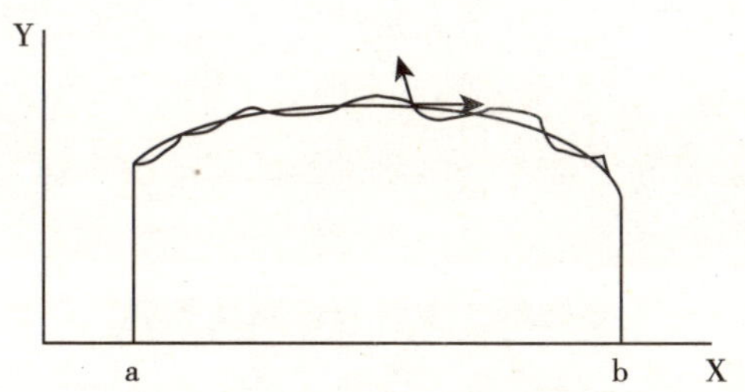

图 1.2 微分运算的非适定性

积分运算（积分过程）是一种整体的运算（过程）。求导数，微分运算（微分过程）带有一定的局部特征。在讨论求导数，微分运算（微分过程）的适定性时，我们将从局部的观点和整体的观点两个侧面讨论。

和图 1.1 中一样，在图 1.2 中，用光滑线绘制的是函数 $Y1 = F1(x)$ 的图形；用不光滑波浪线绘制的是函数 $Y2 = F2(x)$ 的图形；两函数的自变量 x 变化区间相同，均为（a，b）。从图 1.2 可见：此两函数的函数值，变化很小。或者，当 x 在（a，b）中时，

$$\max | Y1 - Y2 | = \max | F1(x) - F2(x) |$$

很小。

由于函数 $Y1 = F1(x)$ 在某点 A 的导数，表示的是此函数相应的曲线在 A 点的切线的方向，此方向一般用其与 x 轴夹角的正切的数值表示。如上图所示，在 A 处，两函数值 $Y_1 = F_1(x)$，$Y_2 = F_2(x)$ 变化很小，但它们求导数得到数值变化很大，即，在 A 处，求导数的运算是非适定的。然而，在其他点，求导数的运算不一定都是非适定的。

从整体观点而言，如果用

$$\max|Y1 - Y2| = \max|F1(x) - F2(x)|$$

（x 在区间（a，b）中变化）表示函数值的变化。在上图中，它是很小的。但它们导数的变化：

$$\max|dY1/dx - dY2/dx|$$

却很大。（同样，用常用的泛函空间 C 的范数）因此，从整体观点而言，一般情形，求一函数的导数（微分）的过程，是非适定的。

这种非适定性，起源于差分（减法）运算非适定性：显然，根据定义，即，求导过程是差分（减法）过程的极限过程。

$$dF(x)/dx = Lim[F(x + h) - F(x)]/h(h \to 0)$$

综上所述，求和、积分的过程是“适定”的，（在某些情况下），差分、微分（求导）过程是“非适定”的。这里，对于不同的问题，“在某些情况下”的具体含义，需要具体分析！

第二节　自然界和社会生活中的非适定现象和问题

一、非适定问题的起源

17 世纪末，微积分诞生后，人类从 18 世纪开始使用这种精密的数学方法，观察和研究许多自然现象。特别是热现象，电现象和光（波）现象。从而产生了一门新兴的学科——数学物理。

在数学物理中，人们对热现象的研究十分成功。在已知热源的作用下，一个（有限或无限长的）导热体上温度的分布和变化被精确的描述。这种问题是一个适定问题，即：导热体上温度的分布和变化连续依赖于导热体上初始温度分布（无限长导热体情形），和导热体两端的温度变化（有限长导热体情形）（都使用常用的泛函空间 C 的范数度量）。[2]

进一步深入研究热现象，人们自然提出问题：当观察到（已知）某时刻导热体上温度分布时，寻找导热体上初始温度分布（无限长导热体情形），或者导热体两端的温度变化（有限长导热体情形）。

这种问题是一个非适定问题，即：导热体（初始时刻后）某时刻温度分布，不连续依赖于导热体上初始时刻温度分布。（都使用常用的泛函空间 C 的范数度量）自然科学问题的适定性概念，起源于数学物理研究。

二、非适定问题的广泛性

20 世纪的科学成就说明，非适定问题和非适定现象广泛存在于各种数学学科，各种（数学）物理学科，各种生命科学学科，各种工程技术学科，各种控制学科等。

特别是各种数学物理反（演）问题，大多是非适定的。一座山中含有铁矿石时，其周围的磁场会显示异常；但是，反之，不能单从周围磁场异常就判断山中有铁矿石。同样，心脏病患者发病时的心电图会显示异常；但是，反之，不能单从心电图异常就判断受检查者为心脏病患者。人们常说：“差之秋毫，误之千里。”这在各种控制领域，各种航天领域，是常见的，尤其是航天体发射，运行和返回中的失败现象，以及反导弹试验中的失败现象，是屡见不鲜的。

三、社会生活（经济体制改革）中的非适定现象

人们经常说“动一发而牵动全身”，就是对社会生活和经济体制改革中不适定现象的形象描述。这种非适定现象最明显的表现就是俄罗斯的物价改革。[8]

1991年12月26日，原“俄罗斯苏维埃联邦社会主义共和国”正式改名为“俄罗斯联邦”（简称“俄联邦”或“俄罗斯”）。俄罗斯于1992年开始实施经济体制改革：1992年1月2日放开90%的消费品、80%的生产资料价格（房租、公共服务和公共交通除外）。在一次性突然全面放开价格的条件下，俄罗斯在20世纪最后十年出现了恶性通货膨胀。俄罗斯在经济体制改革的最初6年（1992—1997年），消费者物价指数每年上升幅度均超过100%，在1992和1993年，俄罗斯消费者物价指数（CPI）上升幅度高达2609%和940%。社会恶性通货膨胀严重剥夺低收入者，（恶性）高通货膨胀率迅速造成社会严重的贫富两极分化，使社会紊乱，社会不安定。同时，使国民经济大幅下降：1998年年末，俄罗斯经济规模是近25年来最小的，大约只有1991年的一半。

在国家宏观经济管理和经济体制改革政策制定和实施时，也要树立适定性观点。一项经济或社会管理政策和改革措施出台时，应考虑其对社会经济的影响，考虑人们的反应，考虑地方和企业的反应，考虑其社会接受程度和承受能力。对那些具“动一发而牵动全身”的（非适定）管理政策和改革措施，要采取特别慎重的态度，要系统多方论证其可行性，要循序渐进地推行，最好先进行局部的试点，待成功后，再全面铺开。

总之，人们在认识自然界和社会时，经常遇到的问题多数是适定问题；人们在改造自然界和社会时，常常遇到各种非适定问题。

第二章　经济（金融）预测中的非适定问题

第一节　经济预测中的非适定问题

本节中，将讨论经济预测中的非适定现象。为简单计，只以宏观经济年度预测为例。然而，所有的叙述和结论，对其他形态经济预测均有效。

将分别讨论（宏观经济中）总量（和型）经济指标预测，显式和隐式差型（差值）经济指标预测，速度型和指数型（增长率）经济指标预测和经济预测模型中的非（不）适定现象。

本书中所有例子，均出自中国国家统计局2015年2月26日发布的“2014年国民经济和社会发展统计公报”（简称“统计公报”）。所有数据均出自中国国家统计局的官方网站。本书中，所有计算和预测，作图和列表均使用Eviews6.0软件。

一、宏观经济总量经济指标预测都是适定的

宏观经济总量指标是用来反映社会经济现象在一定条件下的总规模、总水平或工作总量的统计指标。一般，宏观经济总量指标的取值，是由其相应的分量指标取值之和。因此，宏观经济总量指标也称和型指标。和型经济指标也是一种经济存量指标。

国内生产总值（GDP），是一项最重要的宏观经济总量指标。

（按生产法统计）它是其三个分量指标值之和，即：

国内生产总值 = 第一产业增加值 + 第二产业增加值 + 第三产业增加值。

“统计公报”中写道：“2014 年，中国国内生产总值为 636463 亿元，第一产业增加值 58332 亿元，第二产业增加值 271392 亿元，第三产业增加值 306739 亿元。”

这里，2014 年，中国国内生产总值 636463 亿元 = 第一产业增加值 58332 亿元 + 第二产业增加值 271392 亿元 + 第三产业增加值 306739 亿元。

由于加法运算是适定的，因此，如能准确的预测 2014 年中国第一，第二和第三产业增加值，并使用它们和中国国内生产总值的和型关系预测中国国内生产总值，那么，由于和型指标预测的适定性，这种预测也会是准确的。

当然，由于国内生产总值与许多宏观经济总量经济指标密切相关，可以使用其他方法预测国内生产总值。但是，这些方法的适定性，也应科学界定。

许多总量经济指标取值是由其分量指标取值加权后求和得出的，鉴于求和运算是适定的，在准确预测这些分量指标取值后，用求和法预测此总量经济指标取值，也是适定的。

由于（宏观经济）总量经济指标（实际取值）预测都是适定的，其预测值往往误差较小。在发布预测报告时，应多增加总量（存量）经济指标实际数值预测，以提高预测的质量，提高预测的准确性和可信度。

二、差型（差值）经济指标预测中常显非适定性

宏观经济分析预测中，常用许多差型（差值）经济指标。这些指标大多是直接写明的，例如：财政赤字，重要消费品或投资品供

求差额，进出口差额（商品进出口差额，服务进出口差额，国别外贸差额等），国际收支差额（经常项目收支差额，资本项目收支差额，其各下属目录差额）等；称这些直接写明的差型（差值）经济指标为显式差型（差）经济指标。

也有许多宏观经济差型（差值）经济指标是没有直接写明的。

“统计公报”中写道：2014 年，中国“年末全国大陆总人口为 136782 万人，比上年末增加 710 万人”。这里的差型（差值）经济指标是以增加数的形式出现的，实际上，全国大陆总人口 2014 年年末增加数 =2014 年年末全国大陆总人口数— 2013 年年末全国大陆总人口数；

“统计公报”中，含有大量的这种“增加数（额）”形式的差型（差值）经济指标。称这些没有直接写明的差型（差值）经济指标为隐式差型（差值）经济指标。这些隐式差型（差值）经济指标也是一种经济增量指标。

由于减法运算的非适定性，在差型（差值）经济指标预测中常显非适定性。

在宏观经济差型（差值）经济指标预测中，常常由于指标数值的数量级别差异，更增加了其预测不适定性风险。在上述人口关系式中，被减数和减数的数量级别均是 10 亿级别；而差数（人口年末增加数）只是百万数量级别；二者数量级别差异高达 1000 倍！

无论是显式差型（差值）经济指标，还是隐式差型（差值）经济指标，都是经济分析和经济预测中的热门指标然而，这些指标的预测中，有时经常显现非适定现象，因此，在分析和预测这些指标时，要十分谨慎！

在显式差型（差值）经济指标预测中，经常要涉及两种经济活动，两种经济范畴。例如，收入和支出，供给和需求，出口和进口，贷方和借方，等等。在隐式差型（差值）经济指标预测中，常常只涉及一种经济活动在不同时点的情况。因此，显式差型（差值）经济指标预测比隐式差型（差值）经济指标预测，更有预测不准的风险，更有预测非适定的风险。

三、速度型（指数型）经济指标预测中的非适定现象

最典型的速度型经济指标是国家（地区）经济增长率，它的大小意味着国家（地区）经济增长的快慢，意味着国家（地区）人民生活水平提高所需的时间长短，所以国家（地区）政府和学者都非常关注这个指标。

如果经济变量的值都以现价（当年价）计算，则公式计算出的经济增长率就是名义增长率，反之，如果经济变量的值都以不变价（以某一时期的价格为基期价格）计算，则公式计算出的经济增长率就是实际增长率。在量度经济增长时，一般都采用实际经济增长率。

所有速度型（指数型）经济指标是经济分析和经济预测中最常用的指标，也是人们最容易接受和理解的指标，同时，速度型（指数型）经济指标还是经济比较分析的基础性指标。

在三大国际组织（联合国，世界银行和国际货币基金）的世界经济和世界金融预测报告中，几乎全部使用速度型（指数型）经济指标。

在中国政府每年的宏观经济管理（宏观调控）目标中，也基本只使用速度型（指数型）经济指标。

2015 年，中国政府的宏观经济管理（宏观调控）目标为：（实际）经济增长率：7% 左右；通货膨胀率不高于 3%；外贸进出口增长：6%；社会失业率不高于 4.6%。这些目标均是速度型（指数型）经济指标。

中国 2014 年国内生产总值增长率 7.4%，是 2014 年实际国内生

产总值与2013年实际国内生产总值之差（2014年，中国实际国内生产总值较2013年实际国内生产总值的增长数）占2013年实际国内生产总值的比例。因此，速度型经济指标是一种差型（差值）经济指标，是一种隐式差型（差值）经济指标。

由于减法运算有时是非适定的，从而导致隐式差型（差值）经济指标预测有时是非适定的，因而，速度型经济指标预测也经常显非适定性。

众多经济指数指标，实际上是一种隐式速度型经济指标。任何一个经济指标，都可以取指数形式。在确定基年后，令此经济指标取指数值100，（定基指数为100）相应地计算此经济指标在其他各年的指数取值，即形成此经济指标的指数序列。

从1985年开始，中国按联合国统一要求，统计消费者物价水平CPI，并令此经济指标CPI在1985年取指数值100。中国现行的消费者物价指数CPI即是此CPI的各年的变化率。这种变化率就是一种隐式速度型经济指标。其实，各种物价指数都是相应的物价水平的变化率。货币升值（贬值）幅度，劳动生产率提高程度和其他领域的众多经济指数指标，都是隐式速度型经济指标。

四、经济预测模型中的非（不）适定现象

经济预测模型是在一定的经济理论的指导下，以反映事实的统计数据为依据，用数学方法预测研究探索实证经济规律。经济预测模型主要有计量经济模型，投入产出经济模型，数理经济模型，控制经济模型，精算经济模型和其他经济模型。计量经济模型是最常用的经济预测模型。

计量经济预测模型中，经常使用多个经济指标，在这些指标互相关联，互相依赖的背景下，运用数理统计方法，建立回归方程和定义方程，形成联立（线形或非线性）方程组。

为简单明了起见，本书仅采用单回归方程的计量经济预测模型，以说明其中的非适定现象。

中国是发展中国家，全社会固定资产投资对经济发展起至关重要的作用。图 2.1 是中国 21 世纪前 15 年的经济发展轨迹。图中，GDP 是中国名义经济规模，（名义）国内生产总值；TFINV 为（当年价）全社会固定资产投资，二者的单位均为亿元。

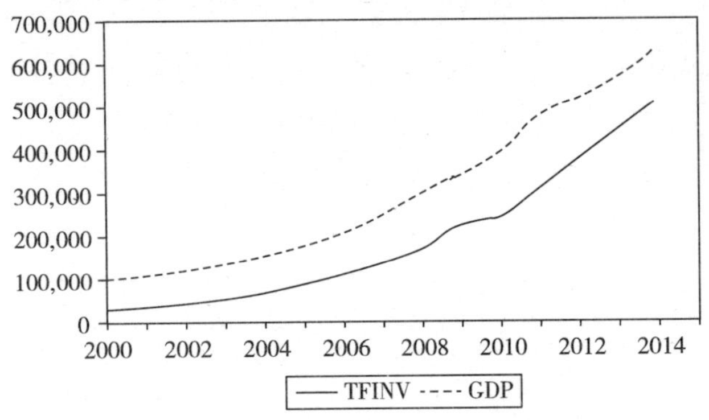

图 2.1　中国 21 世纪前 15 年经济发展轨迹

使用 Eviews6.0 软件，取 TFINV 为解释变量，可以很好地解释 GDP，结果如下。

因变量：GDP　　　　方法：最小二乘法

样本区间：2000—2014 被观察样本个数：15

	系数	标准差	T 检验
TFINV	1.143291	0.038229	29.90651
C	83171.08	9286.650	8.955983
R 平方	0.985673		

依此回归方程为基础，构建一个最简单的描写我国本世纪前 15 年的经济发展的中国宏观经济模型 CHINA01 如下：

gdpn = 1.143 × tfinv + 83171

gdpner = gdpn - gdp

gdpnerr = （gdpner / gdp） ×100

gdpnr = [〔gdpn - gdpn(-1)〕/gdpn(-1)〕×100

gdprerr = gdpnr - gdpr

这是一个包含一个回归方程和四个定义方程的（简单的）计量经济学模型。其中，外生变量只有 TFINV：我国（当年价）全社会固定资产投资 TFINV；内生变量共五个：gdpn 为模型（从 2000 起逐年）求解所模拟（仿真）的中国名义经济规模，gdpner 为 gdpn 与真实（统计数据）gdp 的（绝对值）差，gdpnerr 为此差占 gdp 的比例（百分数，误差率）。gdpnr 为 gdpn 逐年的增长率（百分数），gdpnrerr 为 gdpnr 与真实（统计数据）gdp 的增长率 gdpr 的误差。下面显示 gdpnerr 与 gdpnrerr 的（模型）求解值。使用 Eviews6.0 软件，根据模型求解结果，列出下两表。

表 2.1　gdpnerr 各年取值（百分数）

2000	21.7	14.31	10.1	7.63	2.42
2005	0.757	-1.480	-3.76	-7.03	-0.02
2010	-9.177	-9.227	-1.62	4.26	5.17

表 2.2　gdpnrerr 各年取值（百分数）

2000		-6.75	-3.99	-2.59	-5.69
2005	-1.86	-2.57	-2.73	-4.10	8.53
2010	-10.7	-0.066	9.22	6.56	0.97

从上述两表可以看出，使用计量经济模型预测的增长率（速度型）指标，经常出现不适定现象：2009 年，模型预测的 gdp 几乎没有误差率，但是，相应年的 gdp 增长率误差率却高达 8.5%；同样，2012 年，模型预测的 gdp 误差率只有 1.6%，但是，相应年的 gdp 增长率误

差率却高达9.2%。其他一些年份，也有类似的非适定现象。

五、克服经济预测不适定现象的一般考虑

综上所述，经济预测中的不适定现象是一种自然现象，是一种客观存在。

经济预测中的不适定现象是预测数据误差大和预测不准确的主要根源。在很多情况，经济预测问题实质上是一种特殊的非适定问题。解决这个问题，要使用有关非适定问题的概念和解算方法，并适当界定经济预测准确性的概念。

这里，只介绍有关克服经济预测不适定现象的一般考虑。

经济预测中所涉及的经济指标是多种多样的。上面只指出在（显式和隐式）差型（差值）经济指标预测，速度型和指数型（增长率）经济指标预测和经济模型预测中可能遇到非（不）适定现象，在其他经济预测工作中，还可能出现其它的非适定现象。这些可能出现非适定情况的经济指标的预测是常用的，不可回避的。

因此，在预测这些类型的经济指标时，要特别小心，十分谨慎。

在预测这些类型的指标（模型）时，要灵活运用各种经济关系，灵活运用多种经济关系，从各侧面探讨不同的数值预测方法（模型），以减少预测非（不）适定的程度。

在解算经济模型时，要分析多种外生变量选取的效果。在动态求解经济模型时，要多次观察不同次数迭代的结果，选取那些非（不）适定的程度最低的结果，做为预测值。

特别重要的是：要改进和更新现有的经济预测软件。在软件中，要判别非适定现象，跟踪分析非适定现象，提出增强预测适定性的办法。

由于速度型和指数型（增长率）经济指标和隐式差型（差值）经济指标预测，只涉及一个固定的经济指标，对其检测和分析非适

定现象相对比较容易。显式差型（差值）经济指标及经济模型中的显式差型（差值）经济指标的非适定现象的检测和分析相对比较困难。特别是显式差型（差值）经济指标的非适定现象最为困难。现仅以我国中央财政赤字为例。它时大时小，时增时减，时正时负，特别难预测准确，特别容易显现预测的非适定性。下面列出 1995 年到 2001 年 7 年我国中央财政赤字的变化情况，以验证上述显式差型（差值）经济指标的特征。

表 2.3　我国中央财政赤字（单位：亿元）

1995	-1261	-1509	-1694	958	1797
2000	-1469	-2824			

因此，对显式差型（差值）经济指标的预测更应重视其非适定特征。

第二节　金融预测中的非适定问题

一、（现代）金融活动的数学物理特征

从最广意义上而言，金融活动应视为一种经济活动。

1995 年出现的电子金融，使现代（电子）金融活动的数学物理特征更为明显。

现代（电子）金融活动的活动频率远比一般经济活动为高，现代（电子）金融活动是一种高频活动。借助 INTERNET，现代（电子）金融活动的瞬时性和点击性更明显。货币运动的速度从有限速度向无限速度转变。

描写和分析现代（电子）金融活动，需要引用现代物理学的新概念（如理论物理，流体力学，统计物理，场论等）。需要使用现代连续性数学工具，除去微积分外，广义函数，随机分析，常微分

方程，偏微分方程，积分方程等得到广泛的应用。需要使用比微积分更高层的数量分析工具——泛函分析。

因此，与传统的经济活动相比，（现代）金融活动以其高频率和快速度为特征，更难把握，更难预测。（现代）金融活动预测中的非适定现象到处丛生，更难处理。

二、金融预测中的非适定问题

金融预测中所涉及的金融指标同样是多种多样的。在（显式和隐式）差型（差值）金融指标预测，速度型指数型（增长率）金融指标预测和金融模型预测中经常可能遇到非（不）适定现象。这些金融指标的预测同经济指标的预测一样是不可回避的。

现代金融理论中，由于大量使用现代高等物理概念和现代高等数学方法，其中的预测非适定问题远比传统经济预测非适定问题更复杂。现只举例如下。[6]

1. 电子金融势理论中的非适定问题

为描写和分析现代电子金融活动，本书作者建立了电子金融势理论。积分

$$\int_0^t f(\tau)G(x,t,0,\tau)d\tau = V[\mu] = V(x,t)$$

叫单重电子货币（金融）势，μ 叫此单重电子货币势的密度。密度为 μ 的单重电子货币势表示强度为 $\mu=f(t)$ 的电子货币投放源在时间段 $\{0, t\}$ 连续作用的电子货币影响函数。

已知 $f(x)$ 求相应的 $V(x, t)$ 叫电子货币（金融）势的正（演）问题；已知 $V(x, t)$ 求相应的 $f(x)$ 叫电子货币（金融）势的反（演）问题（逆问题）；电子货币（金融）势的反（演）问题（逆问题）是非适定的。

同样，各种双重电子货币势，各种平面电子货币势的反（演）

问题（逆问题）都是非（不）适定的。

2. 期权定价中的非（不）适定问题

A. 欧式期权定价中的非（不）适定问题

在股价时间（x，τ）平面中，欧式期权定价问题的提法是：

$$Z(x,\tau)_{xx}-Z(x,\tau)_{\tau}=\frac{\partial^2 Z(x,\tau)}{\partial x^2}-\frac{\partial Z(x,\tau)}{\partial \tau}=0;$$

其中，Z（x，τ）为期权的价格。τ 为时间，x 为标的（例如，股票）价格。

初始条件：$\tau=0$ 时，

$$\begin{aligned}Z(x,0)&=e^{-rT}\max(0,(e^{\frac{\sigma}{\sqrt{2}}x+\eta T}-L))\\&=\max(0,f_1(x))(\text{看涨期权})\end{aligned}$$

L：期权的行权价格，

σ：股价波动率，

r：（无风险）利率

T：约定的行权到期日的天数。

$$\eta=r-\sigma^2/2$$

已知 f_1（x）求期权价格 Z（x，τ）为期权定价问题（正问题）；已知期权价格 Z（x，τ）求 f_1（x）为期权定价反问题（逆问题）。期权定价反问题（逆问题）是非（不）适定问题。

同样讨论看跌欧式期权的反问题（逆问题），它也是非（不）适定问题。

B. 类似地，可以讨论美式（看涨看跌）期权定价中的各种非（不）适定问题。

3. 各种理财产品中的非（不）适定问题

由于各种理财产品的设计中，广泛使用期权理念，它们相应的各种非（不）适定问题中，大量出现积分方程有关的非（不）适定问题。

由于金融预测中的非适定问题的复杂性和高端性，将另章描写和分析。

第三章　各种经济预测可能非适定问题的判别和解算

第一节　各种经济预测可能非适定问题的判别提法

一、显式差型（差值）经济指标预测可能非适定问题的判别提法（经济预测可能非适定问题1）

1. 整体问题提法

设时间序列经济指标 $a(t), t=1,2,\cdots,T$ 之值由下差式给出：

$$a(t)=b(t)-c(t); t=1,2\cdots,T$$

设可使用某种预测方法预测 $b(t)$ 和 $c(t)$ 的取值，他们分别记为：

$$bf(t); cf(t)=1,2\cdots,T$$

如果

$$|[bf(t)-b(t)]/b(t)|\leqslant\varepsilon, |[cf(t)-c(t)]/c(t)|\leqslant\varepsilon,$$
$$t=1,2,\cdots,T$$

此处，ε 是一足够小的正数（例如5%）。

试问，在何情况下，有：

$$|[(bf(t)-cf(t))-a(t)]/a(t)|\leqslant\varepsilon, t=1,2,\cdots,T$$

即，可使用

$$bf(t)-cf(t)=af(t)$$

作为 $a(t), t=1,2,\cdots,T$ 的误差不大于 ε 的预测（模拟，仿真）序列。即，对序列中每个指标元素的的预测（模拟，仿真）误差均不超过 ε。

上述问题提法是一种整体问题提法，即要求 $a(t)$ 的预测误差对所有 $t = 1,2,\cdots,T$ 均有效。

如前所述，显式差型（差值）经济指标预测经常可能是非（不）适定的。当上面的整体问题可解时，（当找到解算此问题的充分条件时）这个显式差型（差值）经济指标序列预测（模拟，仿真）问题一定是适定的。

上述问题中，$b(t)$ 和 $c(t)$ 称为原始序列，$a(t), t = 1,2,\cdots,T$ 称为预测序列。

整体问题提法中，解决问题的目的，主要在于评估已完成的经济预测工作的质量。评估对某项经济指标时间序列整体的预测结果的准确度。这种评估中，所有数据均为已知数据，均为已给出的数据。

2. 局部问题提法

对应地，如果要求 $a(t)$ 的预测误差仅对 $t = T$ 有效，这问题提法为一局部问题。显式差型（差值）经济指标预测可能不适定问题的局部提法如下：

设时间序列经济指标 $a(t), t = 1,2,\cdots,T$ 之值由下差式给出：

$$a(t) = b(t) - c(t); t = 1,2,\cdots,T。$$

设可使用某种预测方法预测 $b(t)$ 和 $c(t)$ 的取值，他们分别记为

$$bf(t); cf(t); t = 1,2,\cdots,T。$$

如果

$$|(bf(t) - b(t))/b(t)| \leqslant \varepsilon, |(cf(t) - c(t))/c(t)| \leqslant \varepsilon, t = 1,2,\cdots,T-1$$

此处，ε 是一足够小的正数（例如5%）。

试问，在何情况下有：

$$|[(bf(T) - cf(T)) - a(T)]|/a(T)| \leqslant \varepsilon$$

即，可使用

$$bf(T) - cf(T) = af(T)$$

作为 $a(T)$ 的误差小于 ε 的预测值。

如前所述，显式差型（差值）经济指标预测可能是非（不）适定的。当上面的局部问题可解时，对 $t = T$ 而言，这个显式差型（差值）经济指标预测问题一定是适定的。上述问题中，$b(t)$ 和 $c(t)$ 称为原始序列，$a(t), t = 1,2,\cdots,T$ 称为预测序列。

经济指标预测可能不适定问题的局部提法是日常经济预测工作中最常见的提法：根据某经济指标时间序列的过去取值，预测其未来的取值。解决经济指标预测可能不适定问题的局部提法的判定和解算的难处在于：$a(T), b(T), c(T)$ 为被预测数，是未知数。

值得注意的是，无论是整体问题，还是局部问题，问题的假定条件都是比较严厉的：要求对原始时间序列的历史预测是准确的。

二、隐式差型（差值）经济指标预测可能非（不）适定问题的判别提法（经济预测可能非（不）适定问题 2）

1. 整体问题提法

设时间序列经济指标 $a(t), t = 1,2,\cdots,T$ 之值由下差式给出：

$$a(t) = b(t) - b(t-1); t = 0,1,2,\cdots,T$$

设可使用某种预测方法预测 $b(t)$，其取值为

$$bf(t); t = 0,1,2,\cdots,T。$$

如果 $|(bf(t) - b(t))/b(t)| \leqslant \varepsilon; t = 1,2,\cdots,T$

此处，ε 是一足够小的正数（例如 5%）。

试问，在何情况下有：

$$|[(bf(t) - bf(t-1)) - a(t)]/a(t)| \leqslant \varepsilon, t = 1,2,\cdots,T$$

即，可使用

$$bf(t) - bf(t-1) = af(t)$$

作为 $a(t), t = 1,2,\cdots,T$ 的误差不大于 ε 的预测序列。

上述问题中，$b(t)$ 称为原始序列，$a(t), t = 1,2,\cdots,T$ 称为预测序列。

2. 局部问题提法

上述问题提法是一种整体提法，即要求 $a(t)$ 的预测误差对所有 $t = 1,2,\cdots,T$ 均有效。对应地，如果要求 $a(t)$ 的预测误差仅对 $t = T$ 有效，这问题提法为一局部问题。解决经济指标预测可能不适定问题的局部提法的判定和解算的难处在于：

$$a(T), b(T)$$

为被预测数，是未知数。上述问题中，$b(t)$ 称为原始序列，$a(t), t = 1,2,\cdots,T$ 称为预测序列。

三、速度型（指数型）经济指标预测可能非（不）适定问题的判别提法（经济预测可能非（不）适定问题3）

1. 整体问题提法

设时间序列经济指标 $a(t), t = 1,2,\cdots,T$ 之值由下速度型差式给出：

$$a(t) = [b(t) - b(t-1)]/b(t-1); t = 1,2,\cdots,T$$

设可使用某种预测方法预测 $b(t)$，其取值为：

$$bf(t); t = 0,1,2,\cdots,T。$$

如果

$$|bf(t) - b(t)|/|b(t)| \leqslant \varepsilon; t = 1,2,\cdots,T。$$

此处，ε 是一足够小的正数（例如5%）。

试问，在何情况下有：

$$|[bf(t) - bf(t-1)]/bf(t-1) - a(t)|/|a(t)| \leqslant \varepsilon; t = 1,2,\cdots,T$$

即，可使用

$$[bf(t) - bf(t-1)]/bf(t-1) = af(t)$$

作为 $a(t), t = 1,2,\cdots,T$ 的误差不大于 ε 的预测序列。

上述问题中，$b(t)$ 称为原始序列，$a(t)$，$t = 1,2,\cdots,T$ 称为预测序列。

2. 局部问题提法

上述问题提法是一种整体提法，即要求 $a(t)$ 的预测误差对所有 $t = 1,2,\cdots,T$ 均有效。对应地，如果要求 $a(t)$ 的预测误差仅对 $t = T$ 有效，这问题提法为一局部问题。解决经济指标预测可能不适定问题的局部提法的判定和解算的难处在于：$a(T)$，$b(T)$ 为被预测数，是未知数。

上述问题中，$b(t)$ 称为原始序列，$a(t)$，$t = 1,2,\cdots,T$ 称为预测序列。

以上所列三种经济指标预测可能不适定问题的提法是常见的提法。在这些问题中，从不同侧面触及差型经济指标的预测。在差型经济指标中，将称被减数指标和减数指标为原始经济指标，而显式或隐式经济指标，以及速度型经济指标（指数型经济指标）称为被预测经济指标。这些问题的提法中可见：这些问题的判定和解算依赖于所选择的预测方法，依赖于所选择的问题时间段，依赖于问题所涉及的原始经济指标的历史预测的准确度。

第二节　经济预测中可能非适定问题的判定和解算

本节中，依上节所述提出的非适定问题的思路，逐一判定和解算各种经济预测可能非适定问题。

一、隐式差型（差值）经济指标预测可能非（不）适定问题的判定和解算（经济预测可能非（不）适定问题 2）

1. 整体问题的判定和解算

先讨论隐式差型（差值）经济指标预测可能非（不）适定问题

的判定和解算。下面，回忆这种非（不）适定问题的整体提法。

设时间序列经济指标 $a(t), t=1,2,\cdots,T$ 之值由下差式给出：

$$a(t)=b(t)-b(t-1);a(t):t=1,2,\cdots,T;$$

$$b(t)>0:t=0,1,2,\cdots,T \tag{3.1}$$

设可使用某种预测方法预测 $b(t)$，其取值为：

$$bf(t);t=0,1,2,\cdots,T。$$

如果

$$|[bf(t)-b(t)]/b(t)|\leqslant \varepsilon;t=0,1,2,\cdots,T \tag{3.2}$$

此处，ε 是一足够小的正数（例如 $\varepsilon=5\%$）。

试问，在何情况下有：

$$|[[bf(t)-bf(t-1)]-a(t)]/a(t)|\leqslant \varepsilon;t=1,2,\cdots,T \tag{3.3}$$

上式即是

$$|[bf(t)-b(t)]-[bf(t-1)-b(t-1)]|\leqslant \varepsilon|a(t)|;t=1,2,\cdots,T \tag{3.4}$$

显然，

$$|[bf(t)-b(t)]-[bf(t-1)-b(t-1)]|\leqslant$$

$$|bf(t)-b(t)|+|[bf(t-1)-b(t-1)]|\leqslant$$

$$2\underset{t=0}{\overset{t=T}{MAX}}|bf(t)-b(t)|$$

欲使（3.4）成立，只需使

$$2\underset{t=0}{\overset{t=T}{MAX}}|bf(t)-b(t)|\leqslant \varepsilon|a(t)| \tag{3.5}$$

成立。为使（3.5）成立，只需使

$$2\underset{t=0}{\overset{t=T}{MAX}}\left|bf(t)-b(t)\leqslant \varepsilon\underset{t=1}{\overset{t=T}{MIN}}\right||a(t)|;$$

换句话说，如令

$$B=2\underset{t=0}{\overset{t=T}{MAX}}|bf(t)-b(t)|;$$

$$A = \underset{t=1}{\overset{t=T}{MIN}} |a(t)|$$

只要当

$$B/A \leqslant \varepsilon \tag{3.6}$$

时，(3.5) 即成立，因之，(3.4) 也成立。因此，为保证 $a(t), t = 1,2,\cdots,T$ 的预测精度不低于 $\varepsilon = 5\%$，只要条件 (3.6) 成立时，就能做到。条件 (3.6) 成立时，可以选

$$bf(t) - bf(t-1)$$

作为 $a(t), t = 1,2,\cdots,T$ 的预测序列，即：

$$af(t) = bf(t) - bf(t-1),$$

而且，其（整个时间序列）预测精度高于5%。这时，隐式差型（差值）经济指标预测问题是适定的。否则，有可能是非适定的。

由条件 (3.6) 可见：当 B 越小，A 越大时，这个条件越容易满足。也就是说，当 $bf(t); t = 0,1,2,\cdots,T$ 序列预测的越准确，$a(t), t = 1,2,\cdots T$ 的数量级越接近 $b(t): t = 0,1,2,\cdots,T$ 时，隐式差型（差值）经济指标预测问题越是可能适定的。应当强调，条件 (3.6) 只是适定性的充分条件，而非必要条件。

下面，举中国人口增量预测为例，具体讨论经济预测可能非（不）适定问题2。

2. 中国人口增量预测适定性探讨

“全国大陆总人口 t 年年末增加数预测 = t 年年末全国大陆总人口数预测 - （t - 1）年年末全国大陆总人口数预测”，是一个典型的隐式差型（差值）经济指标预测可能非（不）适定问题［经济预测可能非（不）适定问题2］

由 pop 序列预测 pop1 序列，构成一个经济预测可能非（不）适定问题2。

pop1(t) = pop(t) - pop(t - 1)； t = 1980,1981,…,2013,2014

表 3.1　每年年末中国人口数 pop（单位：亿人）

1975				9.63	9.75
1980	9.87	10.0	10.15	10.25	10.44
1985	10.59	10.75	10.93	11.11	11.27
1990	11.43	11.58	11.73	11.85	11.99
1995	12.11	12.24	12.36	12.48	12.59
2000	12.66	12.76	12.85	12.92	13.0
2005	13.08	13.14	13.21	13.28	13.34
2010	13.40	13.50	13.54	13.61	13.68

表 3.2　每年年末中国人口增加数 pop1（单位：亿人）

1975					0.12
1980	0.12	0.13	0.15	0.10	0.19
1985	0.15	0.16	0.18	0.18	0.16
1990	0.16	0.15	0.15	0.12	0.14
1995	0.12	0.13	0.12	0.12	0.11
2000	0.07	0.10	0.09	0.07	0.08
2005	0.08	0.06	0.07	0.07	0.06
2010	0.06	0.10	0.04	0.07	0.07

先选择时间序列起始年为 1980 年，结束年为 2014 年。这时，pop1 序列是 a 序列，pop 序列是 b 序列 。由上表可见：a 序列最小值发生在 2012 年，为 0.04；如果选择 ε 为 5%，为使条件（3.6）成立，必要求：

$$B \leqslant 0.04 \times 0.05 = 0.002。$$

由于

$$B = 2\underset{t=0}{\overset{t=T}{MAX}} | bf(t) - b(t) |,$$

这就是说，要有非常高超的预测技术，使得 pop 序列的预测（模拟）误差绝对值不超过千分之一！（使 pop 序列的预测（模拟）误差绝对值最大值不超过 0.002/2 = 0.001）。

如果能做到这样，那么，可使用下述公式预测全国大陆总人口 t 年年末增加数额。

pop1f(t) = popf(t) - popf(t - 1); t = 1981, 1982, …, 2013, 2014;

上式中，popf 是 pop 的预测序列，pop1f 是 pop1 的预测序列。(即，全国大陆总人口 t 年年末增加数预测 = t 年年末全国大陆总人口数预测 - （t - 1）年年末全国大陆总人口数预测）

这时，预测全国大陆总人口各年年末增加数额 pop1（t）的误差不会超过 5%，

t = 1981，1982，…，2013，2014；

中国人口时间序列，是一个非常稳定的序列。使用 EVIEWS 6.0 软件的指数平滑方法，模拟（预测）pop 序列为 popf（1980—2014)。（今后，经常使用 EVIEWS 6.0 软件的指数平滑方法预测，模拟单个经济指标）

样本区间：1980—2014　　被观察样本个数：35

方法：Holt - Winters 方法，非季节调整

原始序列：POP　　预测序列：POPF

参　数：	α	0.5900
	β	1.0000
误差均方根		0.013188
平方残差和		0.019411
期末水平		
平均		13.67797
趋势		0.064941

其结果与 pop 的误差率（百分数）示于下表：

表 3.3　popf 与 pop 的误差率（百分数）poperr（t）

poperr（t）=〔（popf（t）－pop（t））/pop（t）〕×100

1980		0.16	0.06	0.37	0.54
1985	0.20	0.04	0.14	0.09	0.16
1990	0.16	0.16	0.06	0.24	0.00
1995	0.07	0.02	0.03	0.03	0.09
2000	0.39	0.01	0.05	0.10	0.03
2005	0.01	0.12	0.03	0.02	0.04
2010	0.04	0.27	0.19	0.05	0.03

由上表可见，pop 序列预测 popf 满足条件（3.2）。[popf 各年的预测误差率（百分数）均小于 0.6%]

现使用公式：

$$pop1f = popf - popf(-1)$$

预测中国各年末人口增加数。并计算预测结果的准确程度。此预测的准确率（百分数）pop1ferr 用下式计算：

$$pop1ferr = [(pop1f - pop1)/pop1] \times 100$$

表 3.4　pop1ferr 的取值

1980		−2.27	3.72	−4.16	−2.85
1985	17.9	6.08	2.57	4.44	0.66
1990	6.62	7.29	5.81	−6.72	−8.38
1995	1.43	2.30	0.45	−2.01	−3.64
2000	20.5	20.4	0.40	0.49	−7.83
2005	1.47	3.32	10.7	−1.82	0.41
2010	5.61	4.33	26.3	−17.6	

从上表可见：除去 1985、1986、1990—1994、2000、2001、2004、2007、2010、2012、2013 年外，在 33 年的预测数中，其他各年我国各年末人口增加数预测数的误差率（百分数）均未超过 5%。或者，在 33 年的预测数中，有 19 年的我国各年末人口增加数预测数的误差率（百分数）均未超过 5%。

也就是说，如果用公式：

"全国大陆总人口 t 年年末增加数预测 = t 年年末全国大陆总人口数预测 - （t - 1）年年末全国大陆总人口数预测"

预测中国人口年末增加数，在大多数情况下是适定的预测，在某些情况下，仍是非适定的。

现显示上述中国人口年末增加数 pop1 的预测情况。

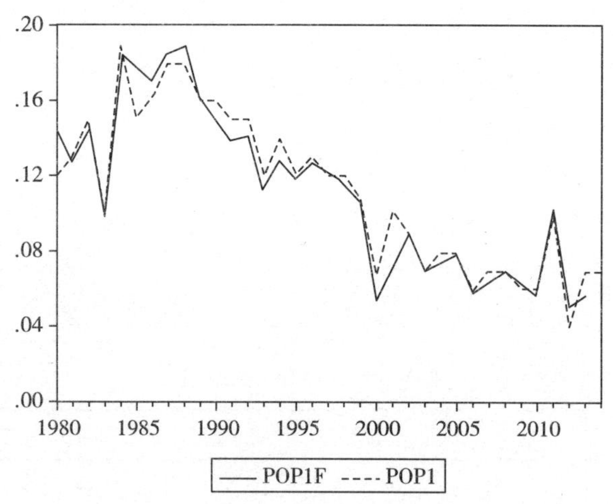

图 3.1 中国人口年末增加数预测

在上述预测中，如果只在时间段 1981—1984 或只在时间段 1995—1999 讨论，那么，这两段时间内，上述中国人口年末增加数的预测问题是一个整体适定预测问题。由此可见，经济预测问题的适定性依赖于问题所选择的时间段。

中国人口年末增加数的预测问题是一个非常典型的用某经济总量之差预测其经济增量的问题。由于预测公式（减法运算）的非适定性，虽然对年末人口总数预测得非常准确，但仍常常引起年末人口增加数预测结果的非适定性。

3. 局部问题的判别和解算方法

隐式差型（差值）经济指标预测可能不适定问题是一种不适定强度较弱的问题，比较容易判别。下面，回忆这种不适定问题的局部提法。

设时间序列经济指标 $a(t), t = 1,2,\cdots,T$ 之值由下差式给出：

$$a(t) = b(t) - b(t-1); a(t): t = 1,2,\cdots,T; b(t): t = 0,1,2,\cdots,T \tag{3.7}$$

设可使用某种预测方法预测 $b(t)$，其取值为：

$$bf(t); t = 0,1,2,\cdots,T$$

如果

$$|[bf(t) - b(t)]/b(t)| \leqslant \varepsilon; t = 1,2,\cdots,T-1 \tag{3.8}$$

此处，ε 是一足够小的正数（例如 $\varepsilon = 5\%$）。试问，在何情况下，有：

$$|[[bf(T) - b(T-1)] - a(T)]/a(T)| \leqslant \varepsilon \tag{3.9}$$

此局部问题困难之处在于：$a(T), b(T)$ 均为被预测数，均为未知数，同时，条件（3.8）比条件（3.2）为弱。

一般而言，根据非适定问题理论，［4，5］为使一个可能的非适定问题（正则化）变为一个适定问题，可以对问题的解的范围加以适当的限制，使问题在限定的范围内，成为一个适定的问题。而在限制范围外，问题仍然可能是非适定的。（见本书第五章）

为寻找这个解的限制范围，可视上述局部问题为一与其对应的整体问题，即，假定被预测数 $a(T), b(T)$ 为已知数，进而从整体角度分析问题的适定性条件，即分析在 $a(T), b(T)$ 满足何条件时，上述局部问题是适定的。当 $a(T),b(T)$ 满足这些条件时，预测问题是适定的；当 $a(T),b(T)$ 不满足这些条件时，预测问题仍然可能是非适定的。

这样，把 $a(T),b(T)$ 当作已知数，即将局部问题一［（3.1），（3.8），（3.9）］看作其相应的一整体问题二［（3.1），（3.2），（3.3）］。

问题二的适定性条件是（3.6）。现将此条件改写为：

$$B = B1 + |bf(T) - b(T)|;$$

$$B1 = 2\mathop{MAX}_{t=0}^{T-1}|bf(t) - b(t)|;$$

$$A = A1 + |a(T)|;$$

$$A1 = \mathop{MIN}_{t=1}^{T-1}|a(t)|$$

问题二的适定性条件（3.6）可改写为：

$$[B1 + 2|bf(T) - b(T)|] \leqslant \varepsilon[A1 + |a(T)|] \qquad (3.11)$$

它同时是局部问题一的适定性条件。也就是说，如果限定局部问题一的解满足条件（3.11），那么，局部问题一就是适定的。否则，如果局部问题一的解不满足条件（3.11），那么，局部问题一就可能是非适定的。条件（3.11）只是局部问题适定性的充分条件，而非必要条件。

下面，仍使用中国年末人口增加数为例，考察条件（3.11）的可能性。

对于年末人口增加数序列 pop1，选择时间序列起始年为 1980 年，结束年为 2014 年，即假定 T 为 2014 年。

对此序列而言，$B1$ 为对 pop 序列的历史预测绝对值误差

poper = popf（t）－pop（t）（t = 1，2，…，2013）

的最大值的两倍。

现将 poper 取值列表如下。

表 3.5 poper 取值

1980	0.01	-0.01	0.03	-0.06	-0.02
1985	0.02	-0.01	-0.01	-0.01	0.02
1990	0.02	0.02	0.01	0.03	0.00
1995	0.01	-0.01	0.00	0.01	0.01
2000	0.05	0.00	0.00	0.01	0.00
2005	0.00	0.02	0.00	0.00	0.01
2010	0.01	-0.04	0.03	0.01	

这里，在 1984 年，

$$B1 = 0.06 \times 2 = 1.12$$

在条件（3.11）中，$A1$ 为 popf 序列的历史最小值，现将 popf 取值列表如下：

表 3.6 popf 取值

1980	9.89	10.0	10.2	10.3	10.4
1985	10.5	10.7	10.8	10.9	11.1
1990	11.2	11.3	11.4	11.5	11.6
1995	11.7	11.8	11.9	12.0	12.1
2000	12.2	12.3	12.4	12.5	12.6
2005	12.6	12.7	12.8	12.9	13.0
2010	13.0	13.1	13.2	13.3	13.3

这里，在 1980 年，

$$A1 = 9.89;$$

$$bf(T) = bf(2014) = popf(2014) = 13.3$$

这时，条件（3.11）为

$$[1.12 + 2|13.3 - b(T)|] \leqslant \varepsilon[9.89 + |a(T)|];$$

即

$$|27.27 - 2pop(2014)| \leqslant 0.05 \cdot (9.89 + pop1(2014)); \quad (3.12)$$

$$27.27 - 2pop(2014) \leqslant 0.49 + 0.05pop1(2014);$$

$$26.78 \leqslant 2pop(2014) + 0.5pop1(2014)。$$

这里，再重复一次，一般而言，根据非适定问题理论，为使一个可能的非适定问题（正则化）变为一个适定问题，可以对问题的解的范围加以适当的限制，使问题在限定的范围内，成为一个适定的问题。此处，假定求解范围限定在条件（3.12）。

这也就是说，如果在条件（3.12）下，预测 pop（2014）和 pop1（2014），即用已预测出的 pop（2014），按公式

$$\text{pop1}(2014) = \text{pop}(2014) - \text{pop}(2013) \quad (3.14)$$

预测 pop1（2014），那么，此预测问题是适定的，即：只要对历史的 pop（t）（t = 1980，1981，…，2013）预测的精度不低于5%，那么，按（3.14）预测的 pop1（2014）的预测的精度也不低于5%。

如果对于实际数 pop（2014）和 pop1（2014）而言，它们不满足条件（3.14），那么，使用公式（3.14）预测 pop1（2014）仍然可能是非适定的。

就我们现讨论的预测我国年末人口增加数而言，从表 3.1 和表 3.2 可见：

$$\text{pop}(2014) = 13.68$$

$$\text{pop1}(2014) = 0.07$$

它们满足条件（3.12），因此，局部预测我国 2014 年末人口增加数问题是适定的。

4. 经济指标预测问题非（不）适定性判定和解算依赖于所选择的预测方法

上例中，选用了指数平滑法作为预测方法。现选用其它方法进

行预测，再判断其适定性。

中国人口再生产是一个非常稳定的过程。逢羊年时，可能少生一些，遇大灾年（大地震，大水旱灾），可能多死一些。因此，人口再生产可能是一种自回归过程。

使用 Eviews 6.0 软件中的方程估值，为 pop 序列做成下面的自回归方程：

样本区间：1980—2014

被观察样本数：35

	系数	标准差	T 检验	概率
POP（-1）	0.973	0.003	274.5	0.00
C	0.434	0.042	10.15	0.00
R 平方	0.999			
调整 R 平方	0.999			

用此自回归方程预测 pop 序列效果很好。现将其预测误差率

$$pop15ferr = [(pop15f - pop)/pop] \times 100$$

列表如下。此处，pop15f 是使用自回归方法 pop 的预测序列，pop15ferr 是此预测的误差率。

表 3.7 pop15ferr 取值

1980	0.53	0.90	1.026	1.58	1.21
1985	1.20	1.06	0.70	0.32	0.09
1990	-0.16	0.35	0.56	0.54	0.72
1995	-0.76	0.90	0.98	1.09	1.13
2000	-0.87	0.90	0.86	0.68	0.60
2005	-0.54	0.35	0.25	0.17	0.03
2010	0.08	0.10	0.13	0.13	0.12

由此表可见，使用自回归方法 pop 的预测序列满足条件（3.2）。现用公式

$$pop115f = pop15f - pop15f(-1)$$

预测 pop1，然后，计算其与 pop1 的预测误差率 pop115ferr：

$$pop115ferr = [(pop115f - pop1)/pop1] \times 100$$

计算结果如下表所示。

表 3.8 pop115ferr 取值

1980	43.7	29.0	8.88	58.9	18.5
1985	0.35	8.44	20.72	22.9	15.6
1990	-17.8	14.7	-17.0	0.92	15.8
1995	-4.41	14.1	9.47	11.9	6.47
2000	47.2	4.47	5.35	31.8	12.2
2005	9.23	41.7	18.2	15.0	30.6
2010	27.1	25.7	80.6	0.43	-2.5

由上表可见，只在个别年份（1985，1993，1995，2001，2013，2014），用上述自回归方法预测中国年末人口增加数是适定的，在其他 29 年都是非适定的。而且，没有一个时间段，可使上述预测问题是适定的。

因此，经济指标预测问题不适定性判定和解算依赖于所选择的预测方法！

二、显式差型（差值）经济指标预测问题非（不）适定性判定和解算［经济预测可能非（不）适定问题 1］

显式差型（差值）经济指标预测可能不适定问题是一种不适定强度较强的问题，不太容易解算。下面，回忆这种不适定问题的

提法。

设时间序列经济指标 $a(t), t=1,2,\cdots,T$ 之值由下差式给出：

$$a(t)=b(t)-c(t); t=1,2,\cdots,T$$

设可使用某种预测方法预测 $b(t)$ 和 $c(t)$ 的取值，他们分别记为：

$$bf(t); cf(t); t=1,2,\cdots,T$$

如果

$$|(bf(t)-b(t))/b(t)|\leqslant\varepsilon, |(cf(t)-c(t))/c(t)|\leqslant\varepsilon;$$
$$t=1,2,\cdots,T$$

此处，ε 是一足够小的正数（例如5%）。试问，在何情况下有：

$$|\{[bf(t)-cf(t)]-a(t)\}/a(t)|\leqslant\varepsilon; t=1,2,\cdots,T \quad (3.15)$$

即，可使用

$$bf(t)-cf(t)=af(t)$$

作为 $a(t), t=1,2,\cdots,T$ 的预测序列。

（3.15）即是

$$|[bf(t)-b(t)]-[cf(t)-c(t)]|\leqslant|a(t)|\varepsilon; t=1,2,\cdots,T \quad (3.16)$$

显然，

$$|[bf(t)-b(t)]-[cf(t)-c(t)]|\leqslant$$
$$|bf(t)-b(t)|+|cf(t)-c(t)|\leqslant$$
$$\underset{t=1}{\overset{T}{MAX}}|bf(t)-b(t)|+$$
$$\underset{t=1}{\overset{T}{MAX}}|cf(t)-c(t)|=B+C$$

此处，

$$\underset{t=1}{\overset{T}{MAX}}|bf(t)-b(t)|=B;$$
$$\underset{t=1}{\overset{T}{MAX}}|cf(t)-c(t)|=C$$

欲使条（3.16）成立，只需：

$$B+C\leqslant\varepsilon|a(t)|;$$

令

$$A = \underset{t=1}{\overset{T}{MIN}} |a(t)|$$

欲使条件（3.16）成立，只需

$$(B + C)/A \leqslant \varepsilon \tag{3.17}$$

在条件（3.17）成立时，可取：

$$bf(t) - cf(t) = af(t)$$

作为$a(t), t = 1,2,\cdots,T$的预测序列，同时，a（t）的预测精度高于$\varepsilon = 5\%$。

这时，显式差型（差值）经济指标预测问题是适定的。否则，有可能是非适定的。

由条件（3.17）可见：当A越大，B和C越小时，这个条件越容易满足。也就是说，当bf（t）；$t=1$，2，…，T序列和cf（t）；$t=1$，2，…，T序列预测的越准；a（t），$t=1$，2，…，T的数量级越接近b（t），$t=1$，2，…，T时，显式差型（差值）经济指标预测问题越是可能适定的。

应当强调，条件（3.17）只是适定性的充分条件，而非必要条件。

现取中国年度财政赤字为例，考察其预测问题的适定性。

1990 年至 2013 年 24 年来全国财政总收入 gfr 和财政总支出 gfe 数据示于下两表。

表 3.9　1990 年至 2013 年 24 年来中国财政总收入 gfr（单位：亿元）

1990	2937	3149	3483	4349	5218
1995	6240	7408	8651	9876	11444
2000	13395	16371	18914	21691	26396
2005	31675	39343	51322	61330	68518
2010	83101	103874	117253	129210	

表 3.10　1990 年至 2013 年 24 年来中国财政总支出 gfe（单位：亿元）

1990	3084	3387	3742	4642
1995	6824	7938	9233	10798
2000	15887	18844	22064	24607
2005	33755	42293	49781	62593
2010	89874	109248	125953	140212

1990 年至 2013 年 24 年来中国财政赤字 bd 数据 bd = gfr - gfe 示于下表。

表 3.11　1990 年至 2013 年 24 年来我国财政赤字 bd（单位：亿元）

1990	147	238	259	293
1995	584	530	582	922
2000	2492	2473	3150	2916
2005	2080	2950	-1541	1263
2010	6773	5374	8700	11002

从上表可见，1990 年至 2013 年 24 年来全国财政赤字 bd 时大时小，有时为负。估计其预测可能出现非适定情景。

为验证上述问题的适定性，讨论条件（3.17）。取 bd 为 $a(t)$ 序列，gfr 为 $b(t)$ 序列，gfe 为 $c(t)$ 序列。

下表为用 EVIEWS 6.0 软件的指数平滑方法模拟 gfr 的误差率（百分数）gfrerr（百分比）。

表 3.12　gfrerr 取值

1990		0.355	0.029	-0.117	-0.018
1995	-0.027	-0.024	-0.012	0.00	-0.026
2000	-0.033	-0.068	0.011	-0.008	-0.069
2005	-0.030	-0.065	-0.094	0.016	-0.040
2010	-0.081	-0.072	0.050	0.020	

下表为用 EVIEWS 6.0 软件的指数平滑方法模拟 gfe 的误差率取值 gfeerr（百分比）。

表 3.13 gfeerr 取值

1990		0.377	0.061	-0.136	-0.071
1995	0.014	-0.001	-0.021	-0.028	-0.066
2000	-0.029	-0.014	-0.012	0.026	-0.040
2005	-0.050	-0.083	0.009	-0.077	-0.026
2010	0.002	-0050	0.011	0.024	

从上二表可见，如只讨论 1995—2013 年 18 年的中国财政情况，如取 $\varepsilon=9\%=0.09$，则 gfrerr 和 gfeerr 均未超过此 ε。我们将在此时间段内，讨论中国财政赤字预测问题的适定性。

下表为用 EVIEWS 6.0 软件的指数平滑方法模拟 gfr 的误差 gfrferr（绝对值）。

表 3.14 gfrferr 取值

1990		1119.4	101.8	-511.6	-105.3
1995	-174.0	-180.8	-111.1	-4.228	-343.8
2000	-451.7	-1115.3	209.9	-192.0	-1966.3
2005	-967.2	-2582.4	-4827.4	1005.6	3021.1
2010	-6790.8	-7548.0	5884.5	2598.7	

下表为用 EVIEWS 6.0 软件的指数平滑方法模拟 gfe 的误差 gfeferr（绝对值）。

表 3.15　gfeferr 取值

1990		1278.6	229.3	635.2	-416.0
1995	98.3	-15.6	195.6	310.5	-872.2
2000	466.7	-264.7	269.9	646.7	1163.9
2005	1717.3	3518.8	64.61	834.5	2009.9
2010	222.6	5529.8	427.6	368.5	

从上两表可见：对于中国财政赤字而言，

$$A = \underset{t=1}{\overset{T}{MIN}} |a(t)| = 530;$$

$$\underset{t=1}{\overset{T}{MAX}} |bf(t) - b(t)| = B = 7548$$

$$\underset{t=1}{\overset{T}{MAX}} |cf(t) - c(t)| = C = 5529;$$

$$B + C = 7548 + 5529 = 13077;$$

$$(B + C)/A = 13077/530 = 24.7;$$

它大于 $\varepsilon = 9\%$，即大于用 EVIEWS 6.0 软件的指数平滑方法模拟 gfe 的误差率 gfeerr 的最大值和用 EVIEWS 6.0 软件的指数平滑方法模拟 gfr 的误差率的最大值 gfrerr；因此，在用 EVIEWS 6.0 软件的指数平滑方法模拟 gfe 和 gfr 时，如用公式 bd = gfr - gfe 预测 bd，则预测是非适定的。

为使上述预测适定，根据条件（3.17），须选择更高级的预测方法，使 gfe 和 gfr 的预测误差的绝对值之最大值之和不超过

$$530 \times 0.09 = 47.7; \tag{3.18}$$

这时，bd 的预测的误差不会超过 $\varepsilon = 9\%$；

如欲要求 bd 的预测的误差不会超过 5%，须选择更高级的预测方法，使 gfe 和 gfr 的预测误差的绝对值之最大值之和不超过

$$530 \times 0.05 = 26.5; \tag{3.19}$$

为显示本例的非适定程度，现使用 EVIEWS 6.0 软件的指数平滑方法预测 gfe（预测序列为 gfef）并使用 EVIEWS 6.0 软件的指数平滑方法预测 gfr（预测序列为 gfrf），和使用公式：

$$bdf = gfef - gfrf$$

预测中国财政赤字 bdf。并将财政赤字预测数 bdf 和财政赤字实际数值 bd 对比如下，由此可见其非适定严重程度！

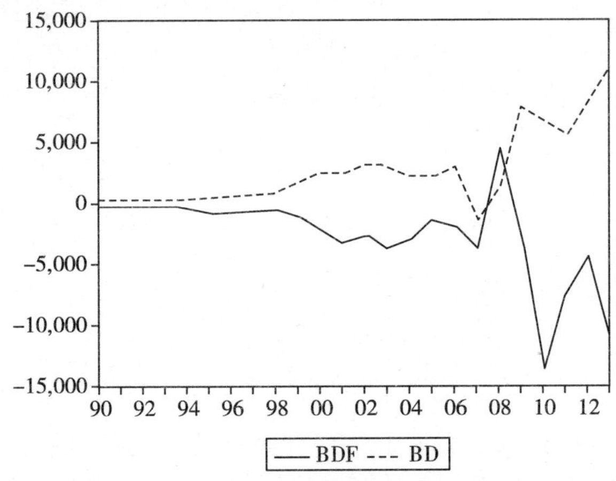

图 3.2　中国财政赤字预测（单位：亿元）

为较准确预测财政赤字，可使用多种宏观经济关系，构建计量经济模型，争取比表 3.14 和表 3.15 更准确预测 gfr，gfe，以实现条件（3.18）或（3.19），那么，我国财政赤字 bd 的预测可能是适定的。显然，这是一个极困难的预测任务！

其次，预测财政赤字，可从全国宏观经济调控目标出发，在较准确预测国内生产总值的基础上，依国家宏观经济管理最高决策层意愿，预计财政赤字占国内生产总值的比例，从而较准确预测财政赤字的数值。下表列出近年中国财政赤字占国内生产总值的比例（百分数）。

表 3.16　财政赤字占中国国内生产总值的比例（百分数）

1990	0.792	1.100	0.972	0.829	1.192
1995	0.960	0.744	0.737	1.092	1.944
2000	2.511	2.255	2.617	2.146	1.307
2005	1.136	1.392	-0.617	0.419	2.463
2010	1.699	1.138	1.673	1.930	

有关显式差型（差值）经济指标局部预测问题的非适定性判别和解算，可如隐式差型（差值）经济指标局部预测问题的非适定性判别和解算一样讨论，这里，不再赘述。

三、速度型和指数型（增长率）经济指标预测问题不适定性判别和解算（经济预测可能不适定问题3）

现回忆速度型和指数型（增长率）经济指标预测问题不适定性判别（经济预测可能不适定问题3）的提法。

设时间序列经济指标 $a(t), t = 1,2,\cdots,T$：

$$a(t) = [b(t) - b(t-1)]/b(t-1); t = 1,2,\cdots,T。$$

设可使用某种预测方法预测 $b(t)$，其取值为：

$$bf(t); t = 0,1,2,\cdots,T。$$

如果：

$$|[(bf(t) - b(t)]/b(t)| \leqslant \varepsilon; t = 0,1,2,\cdots,T$$

此处，ε 是一足够小的正数（例如5%）试问，在何情况下，有：

$$|[bf(t) - bf(t-1)]/bf(t-1) - a(t)|/|a(t)| \leqslant \varepsilon;$$
$$t = 1,2,\cdots,T \quad (3.20)$$

即，可使用：

$$[bf(t) - bf(t-1)]/bf(t-1) = af(t)$$

作为 $a(t), t = 1,2,\cdots,T$ 的预测序列。

上述问题提法是一种整体提法，即要求预测误差对所有 $t=1,2,\cdots,T$ 均有效。对应地，如果要求预测误差仅对 $t=T$ 有效，这问题提法为一局部问题。

为使（3.20）成立，只需：

$|[bf(t)-bf(t-1)]/bf(t-1)-[b(t)-b(t-1)]/b(t-1)|\leqslant |a(t)|\varepsilon, t=1,2,\cdots,T;$

或

$|[bf(t)-bf(t-1)]/bf(t-1)+[b(t)-b(t-1)]/b(t-1)|\leqslant |a(t)|\varepsilon, t=1,2,\cdots,T;$

令

$$\underset{1}{\overset{T}{MAX}}|bf(t)-bf(t-1)|=Bf;$$

$$\underset{1}{\overset{T}{MIN}}|bf(t-1)|=Bf_1;$$

$$\underset{1}{\overset{T}{MAX}}|b(t)-b(t-1)|=B;$$

$$\underset{1}{\overset{T}{MIN}}|b(t-1)|=B_1;$$

$$\underset{1}{\overset{T}{MIN}}|a(t)|=A$$

如欲式（3.20）成立，只需：

$$Bf/Bf_1+B/B_1\leqslant A\varepsilon \tag{3.21}$$

（3.21）式为判断经济预测可能不适定问题 3 适定性的充分条件。即，当条件（3.21）成立时，可使用：

$$[bf(t)-bf(t-1)]/bf(t-1)=af(t)$$

作为 $a(t), t=1,2,\cdots,T$ 的预测序列。并且，预测误差为：

$|[bf(t)-bf(t-1)]/bf(t-1)-a(t)|/|a(t)|\leqslant\varepsilon; t=1,2,\cdots,T$。

此处，ε 是一足够小的正数（例如 5%）。

为使条件（3.21）能成立，希望 Bf/Bf_1 和 B/B_1 尽量小，希望 A 尽量大。应当强调，条件（3.21）只是适定性的充分条件，而非必要条件。

现取中国1985年来的实际国内生产总值rgdp为例，研究按下述公式预测实际国内生产总值增长率rgdpr的适定性：（从1985年起，中国按联合国的统计方法的统一要求，统计名义国内生产总值gdp，中国实际国内生产总值的基年是改革开放元年——1978年）

$$rgdpr = \{[rgdp - rgdp(-1)]/rgdp\} \times 100;$$

这个速度型指标预测问题中，取rgdpr为$a(t)$序列，取rgdp为$b(t)$序列。

表3.17为从1985（对应于t=0）年到2014（对应于t=29）年中国实际国内生产总值rgdp。

表3.17　中国实际国内生产总值rgdp　（单位：亿元）

1985	6990	7610	8480	9447	9832
1990	10208	11147	12734	14517	16419
1995	18209	20030	21892	23600	25394
2000	27527	29812	32525	35778	39391
2005	43409	48445	54210	59089	64466
2010	71170	77789	83857	90146	96817

由此表可见：$B_1 = 7610$；

从1986年起，计算rgdp－rgdp（－1）＝b（t）－b（t－1）有表（3.18）：

表3.18　rgdp－rgdp（－1）取值

1985		619.7	869.7	967.6	384.1
1990	376.8	938.6	1587.3	1782.8	1901.8
1995	1789.7	1820.9	1862.7	1708.1	1793.6
2000	2133.1	2284.8	2712.9	3252.5	3613.5
2005	4017.9	5035.5	5764.9	4878.9	5377.1
2010	6704.4	6618.8	6067.5	6289.2	6670.8

由此表可见：$B=6704$

用 EVIEWS 6.0 软件的指数平滑方法模拟 rgdp 的结果 rgdpf = bf 示于表 3.19：

表 3.19　rgdpf 取值

1985	6990	8359	8230	9349	10415
1990	10216	10585	12086	14322	16300
1995	18321	19998	21850	23755	25309
2000	27188	29660	32097	35238	39030
2005	43005	47427	53480	59975	63967
2010	69843	77875	84408	89924	96435

由此表可见：$Bf_1=6991$；从 1986 年起，计算 bf（t）－bf（t－1）有表（3.20）：

表 3.20　bf（t）－bf（t－1）取值

1985	NA	1369	－129	1119	1065
1990	－199	369	1500	2236	1978
1995	2020	1677	1852	1904	1553
2000	1879	2472	2436	3141	3792
2005	3974	4422	6053	6494	3992
2010	5875	8031	6533	5516	6510

由此表可见：$Bf=8031$；为验证条件（3.21），还需找出 A。现将 $a(t), t=1985, 1986, \cdots, 2014$ 列于表 3.21：

表 3.21　a（t），t=1985，1986，…2014 取值

1985	13.5	8.9	11.4	11.4	4.0
1990	3.8	9.2	14.2	14.0	13.1
1995	10.9	10.0	9.3	7.8	7.6

续表

2000	8.4	8.3	9.1	10.0	10.1
2005	10.2	11.6	11.9	9.0	9.1
2010	10.4	9.3	7.8	7.5	7.4

由此表可见：$A=3.8$

现验证条件（3.21）。

$$(Bf/Bf_1 + B/B_1)/A \leqslant \varepsilon \tag{3.21}$$

根据上述计算，可见：

$$Bf/Bf_1 = 8031/6991 = 1.15;$$

$$B/B_1 = 6704/7610 = 0.881;$$

由此，

$$(Bf/Bf_1 + B/B_1)/A = 0.53;$$

由于 $\varepsilon=0.05$；条件（3.21）不成立。所讨论的预测问题在上述29年的时间段中整体观察，可能为非适定问题。

实际上，用 rgdprf 预测 rgdpr 时，图示如下：

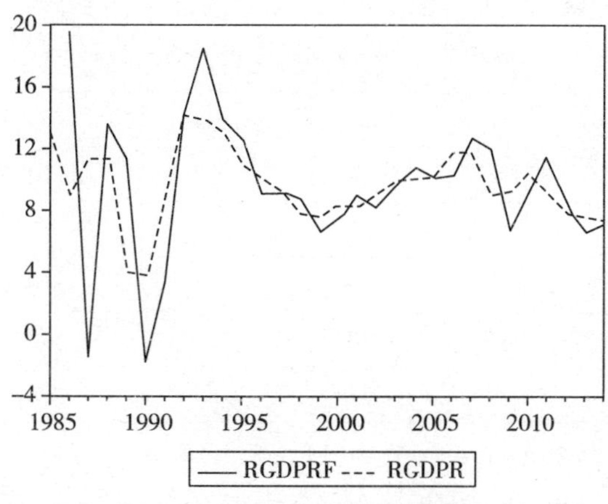

图3.3　中国实际国内生产总值年增长率预测（单位:%）

图中，rgdpr 为全国实际国内生产总值年增长率（百分数），rgdprf 为用 EVIEWS 6.0 软件的指数平滑方法模拟 rgdp 后使用 rgdprf 序列对 rgdp 所做的预测数（百分数），它可写为：

$$rgdprferr = rgdprf - rgdpr$$

表 3.22 rgdprferr 取值

1985		10.7	-12.9	2.19	7.32
1990	-5.74	-5.57	-0.06	4.50	0.71
1995	1.49	-0.84	-0.03	0.91	-1.06
2000	-0.97	0.79	-0.88	-0.21	0.66
2005	-0.01	-1.31	0.86	3.14	-2.44
2010	-1.21	2.19	0.58	-0.96	-0.15

从上图可见：这种预测的非适定性主要发生在 1986 年至 1991 年间。从 1992 年至 2014 年，上述预测的误差均未超过 5%。与此同时，可见，rgdpf 对 rgdp 的模拟（预测）误差是很小的。下表显示此误差情况（百分数）。

表 3.23 rgdpf 误差取值（百分数）

1985		9.84	2.94	-1.03	5.93
1990	0.07	5.03	5.09	-1.34	-0.72
1995	0.61	0.15	0.19	0.65	-0.33
2000	1.23	0.50	1.31	-1.50	-0.91
2005	0.93	2.10	1.34	1.49	-0.77
2010	1.86	0.11	0.65	-0.24	-0.39

上表中，在 30 年的预测中，除去 1986，1989，1991，1992 年 4 年外，其他 26 年的预测误差率均未超过 5%。这样，如果限定在时

间段1993至2014年内，讨论我国实际国内生产总值增长率预测问题，那么，这个问题是适定的。

有关速度型（指数型）经济指标局部预测问题的非适定性判别，可如隐式差型（差值）经济指标局部预测问题的非适定性判别和解算一样讨论，这里，不再赘述。

第四章　非适定金融预测

第一节　概述

同经济预测中一样，在金融预测中，增量型金融指标预测，显式和隐式差型（差值）金融指标预测，速度型和指数型（增长率）金融指标预测和一般金融预测模型中常常遇到非适定现象。

正如本书第三章中所述，对上述各种金融指标预测和金融模型中的非适定问题，可相应地给出判定准则和问题的解算方法。这里不再赘述。本章中，主要讨论有特殊意义的一些金融预测非适定问题。特别是期权定价和各种理财产品中的非适定现象。本章中，主要使用微分方程和积分方程理论。

第二节　TИXOHOB（吉洪诺夫）典型非适定问题

早在 1963 年，苏联科学院院士吉洪诺夫（TИXOHOB）就给出了一个典型的非适定问题。

讨论第一类型 Fredholm 积分方程

$$A[x,z(s)] = \int_a^b K(x,s)z(s)ds = u(x), c \leqslant x \leqslant d \tag{4.1}$$

$$\{B[x,z(s)] = z(x) + \int_a^b K(x,s)z(s)ds = u(x), c \leqslant x \leqslant d$$

称为第二类型 Fredholm 积分方程}

令 $\bar{C}_1$ 表示逐段光滑的连续函数类（泛函空间），其中的范数定义为：

$$\| z \| = \max |z(s)|, a \leqslant s \leqslant b$$

再令 U 表示满足积分方程（4.1）的所有函数 $u(x)$ 构成的函数类：

$$u(x) = A[x, z(s)], z(s) \in \bar{C}_1;$$

在 U 中，定义范数（ L_2 泛函空间的范数）

$$\| u(x) \| = [\int_c^d u^2(x) dx]^{1/2}$$

显然，当 $K(x,s)$ 连续时，映射 $\bar{C}_1 \to U$ 也是连续的。然而，从已知函数 $u(x)$ 寻找函数 $z(s)$ 的逆问题是非适定的。

事实上，令 $z_1(s)$ 和 $z_2(s) = z_1(s) + p\cos ws$

均属函数类 $\bar{C}_1$，其中，p 为任意大的固定数。如果 w 充分大，则与 $z_1(s)$ 和 $z_2(s)$ 相对应的两个函数 $u_1(x), u_2(x)$ 的差（在 L_2 ）的范数 $\| u_1 - u_2 \|$ 可以任意小：

$$\| u_1 - u_2 \| = [\int_c^d (u_1 - u_2)^2 dx]^{1/2} =$$

$$[\int_c^d [\int_a^b K(x,s)(z_1(s) - z_2(s)) ds]^2 dx]^{1/2} =$$

$$[\int_c^d [\int_a^b K(x,s) p\cos ws ds]^2 dx]^{1/2} = \bar{K}|p|[\int_c^d (\int_a^b \cos ws ds)^2 dx]^{1/2} \leqslant$$

$$\bar{K}|p|\sqrt{d-c}\,|\int_a^b \cos ws ds| \leqslant \bar{K}|p|\sqrt{d-c}(1/w)\,|\int_{wa}^{wb} \cos t dt| \leqslant$$

$$2\bar{K}|p|\sqrt{d-c}\,|/w$$

$$\bar{K} = \max|K|, a \leqslant s \leqslant b, c \leqslant x \leqslant d$$

第三节　金融势反（演）问题的非适定性

为描写和分析现代电子金融活动，本书作者建立了电子金融势理论［6，12］。积分

$$\int_0^t f(\tau)G(x,t,0,\tau)d\tau = V[\mu] = V(x,t)$$

叫单重电子货币（金融）势，μ 叫此单重电子货币势的密度。密度为 μ 的单重电子货币势表示强度为 $\mu = f(t)$ 的电子货币投放源（即单位时间内，投放 μ 数量的电子货币）在时间段｛0，t｝连续作用的电子货币影响函数（即对周围电子货币密度的影响）。

已知 $f(x)$ 求相应的 $V(x,t)$ 叫电子货币（金融）势的正（演）问题；已知 $V(x,t)$ 求相应的 $f(x)$ 叫电子货币（金融）势的反（演）问题（逆问题）；

这里，

$$G(x,t,0,\tau) = (1/2\sqrt{\pi(t-\tau)})\exp[-x^2/4(t-\tau)]$$

对于固定的地点 x，（在有限时间段 $0 \leqslant t \leqslant T$ 内）上述积分可写为：

$$\int_0^t (1/2\sqrt{\pi(t-\tau)})[\exp^{-x^2/4(t-\tau)}]f(\tau)d\tau =$$

$$\int_0^t H(t,\tau)f(\tau)d\tau = V(x,t) = g(t)$$

其中，

$$H(t,\tau) = (1/2\sqrt{\pi(t-\tau)})[\exp^{-x^2/4(t-\tau)}]$$

这样，电子货币（金融）势的反（演）问题可写为（积分限）带参数的第一类 FLEDHOLM 积分方程的定解问题：

$$\int_0^t H(t,\tau)f(\tau)d\tau = g(t)$$

电子货币（金融）势的反（演）问题（逆问题）即是从已知函数 $g(t)$ 寻求函数 $f(\tau)$ 的问题。使用上节吉洪诺夫的举例方法，不难验证，上述电子货币（金融）势的反（演）问题是非适定的。

电子货币（金融）势的反（演）问题的非适定说明：当电子货币源泉（电子货币势的密度）变化很小时，其造成的电子货币势相应地变化也很小；但是，当电子货币势变化很小时，与其相应的电子货币源泉（电子货币势的密度）变化可能很大。

同样，可以说明，各种双重电子货币势，各种平面电子货币势的反（演）问题（逆问题）都是非（不）适定的。[6，12]

许多数学物理反问题，大多归结为第一类福氏积分方程求解问题。它们常常显非适定性。本书作者，使用数学物理概念，特别是使用物理学场论的概念和方法，深入从概括抽象高度研究经济和金融问题，建立了经济势和金融势理论。在这些理论中，存在大量的经济势和金融势反（演）问题，它们大多是非适定的。[6，12]

第四节　期权定价和各种理财产品中的非适定现象

A. 欧式期权定价中的非（不）适定问题

最早的期权定价公式是诺贝尔经济学奖获得者 Fischer Black，Myron Scholes 于 1973 年提出的，经本书作者简化，用下述方法研究期权定价问题。[10，6]

在股价时间 (x,τ) 平面中，欧式期权定价问题的提法是：

$$Z(x,\tau)_{xx} - Z(x,\tau)_{\tau} = \frac{\partial^2 Z(x,\tau)}{\partial x^2} - \frac{\partial Z(x,\tau)}{\partial \tau} = 0; \quad (4.2)$$

其中，$Z(x,\tau)$ 为期权的价格。τ 为时间，x 为期权标的金融资产（例如，股票）的价格。

初始条件：$\tau = 0$ 时，

$Z(x,0) = e^{-rT}\max(0,(e^{\frac{\sigma}{\sqrt{2}}x+\eta T} - L)) = \max(0,f_1(x))$ （看涨期权）

L：期权的行权价格，

σ：股价波动率，

r：（无风险）利率，

T：约定的行权到期日的天数。

$\eta = r - \sigma^2/2$

已知$f_1(x)$求期权价格$Z(x,\tau)$为期权定价问题（正问题）；已知期权价格$Z(x,\tau)$求$f_1(x)$为期权定价反问题（逆问题）。

如所周知，上述期权定价问题的解可写为：

$$Z(x,\tau) = \int_a^{\infty} G(x,\xi;\tau)f_1(\xi)d\xi; a = (\sqrt{2}/\sigma)(\ln L - \eta T) \quad (4.3)$$

其中，

$$G(x,\xi;\tau) = (1/2\sqrt{\pi\tau})\exp[-(x-\xi)^2/4\tau]$$

是期权定价微分方程的基本解。

对于固定的金融资产价格x，方程（4.3）是一个带有无穷限的第一类福氏积分方程。因而，从期权价格$Z(x,\tau)$出发，反解期权交易条件$f_1(x)$的问题，常常是非适定的。（可以使用上述吉洪诺夫的方法验证）这也就是，当期权交易条件变化很小时，相应的期权价格，变化也很小；但是，反之不然；即：在某固定时刻，对应某固定资产的两个期权，虽然它们的价格差别不大，但是，它们相应的初始交易条件，可能相差很大。

既然如此，期权交易双方（期权出售者和购买者）有足够的空间，对期权交易条件讨价还价，选择对自已有利的条件，签订交易合约。

欧式看涨期权定价反问题（逆问题）是非（不）适定问题。

同样讨论看跌欧式期权的反问题（逆问题），它也是非（不）适定问题。

类似地，可以讨论美式（看涨看跌）期权定价中的各种非（不）适定问题。

B. 各种理财产品中的非（不）适定问题

由于各种理财产品的设计中，广泛使用期权理念，它们相应的各种非（不）适定问题中，大量出现第一类福氏积分方程有关的非（不）适定问题。

本书作者在［6］中，讨论了与黄金价格挂钩的外币理财产品的定价问题，以及固定和移动关卡期权定价问题。由于这些讨论中，广泛使用了作者建立的电子金融势理论，在那里，如本章第三节所述，存在各种非适定问题，这里，不再赘述。

各种期权产品，各种理财产品，属资本市场上的高端产品。深入理解这些产品中的非适定现象，力求按下章所述方法，建设相应的非适定问题的近似解，是资本市场工作者的一项重要的任务。

C. 非（不）适定性与金融风险

本节中，以非常通俗的方式，介绍了许多金融交易中存在的非适定现象，说明了：许多金融交易中，确有“差之秋毫，误之千里”的情况。这从另一个侧面，另一个角度，解释了金融（资本市场）的风险性。确立非适定性观念，对金融（资本市场）中的交易者，投资决策者，以及市场管理者，都是十分必要的。

第五章　非适定问题泛函分析观

第一节　泛函分析基础知识

一、巴拿赫空间

(1) 线性空间

设 M 为一元素集合，x 和 y 为 M 的任意两个元素，a 为任意实数。如果能在 M 内定义元素的加法运算 $x+y$ 和元素的数乘运算 ax，使 $x+y$ 和 ax 仍为 M 的元素，并且，加法运算和数乘运算满足下列七项规律：

1) $x+y=y+x$;

2) $x+(y+z)=(x+y)+z$;

3) $a(x+y)=ax+ay$;

4) $(a+b)x=ax+bx$;

5) $a(bx)=(ab)x$;

6) $1x=x$;

7) 若 $x+y=x+z$，则 $y=z$;

(其中 z 为 M 的任意元素，b 为实数) 则称 M 为一线性空间。

任何线性空间中，所有元素与数“0”的乘积都是此空间中同一个元素，它被称为零元素 θ。

(2) 赋范空间

如果线性空间 M 中任意元素 x 按一定法则均能与一非负实数

$\|x\|$相对应，同时，

1）$\|\theta\| = 0$，且当$x \neq 0$时，$\|x\| > 0$;

2）$\|x + y\| \leqslant \|x\| + \|y\|$；

3）$\|ax\| = |a|\|x\|$

（其中y为M的元素，a为实数）则称M为一赋范空间，$\|x\|$称为x的范数或模（数）。

若线性空间M有两种赋范方法A和B，使对M的任意元素x均成立

$$k_1 \|x\|_B \leqslant \|x\|_A \leqslant k_2 \|x\|_B$$

并且，正常数k_1，k_2与x无关，则称$\|x\|_A$和$\|x\|_B$为M中的两个等价范数。

（3）巴拿赫空间

设$\{x_n\}$（$n = 1, 2, 3\cdots$）为线性赋范空间M的元素x_n所组成的无穷序列。若有$x_0 \in M$，使得当$n \to \infty$时，

$$\|x_n - x_0\| \to 0, (n \to \infty)$$

则称x_0为序列$\{x_n\}$的极限，记作：

$$x_0 = \lim_{n \to \infty}\{x_n\}。$$

不难看出，当

$$x_0 = \lim_{n \to \infty}\{x_n\}$$

时，对任给$\varepsilon > 0$，必能找到相应的N，使

$$\|x_m - x_n\| < \varepsilon, \quad m, n \geqslant N。 \tag{5.1}$$

如果序列$\{x_n\}$满足条件（5.1），则称其为M中之基本序列。显然，M中任何有极限的序列均是基本序列；反之，M中的基本序列不一定都在M中有极限。

若线性赋范空间中任何基本序列的极限仍属于该空间，则称此空间为完备空间。完备的线性赋范空间称为巴拿赫空间。

（4）常用的两个巴拿赫空间

A. 连续可微函数空间

在区间（a，b）上定义的所有连续函数集合构成泛函空间 C；在区间（a，b）上定义的所有连续可微函数集合构成泛函空间 C_1；在区间（a，b）上定义的所有逐段连续可微函数集合构成泛函空间 $\bar{C}_1$；设 $F(x) \in C(C_1, \bar{C}_1)$，其范数定义为：

$$\| F \| = \underset{(a,b)}{MAX} | F(x) |$$

B. 平方可积函数空间

在区间（a,b）上定义的所有平方可积函数集合构成泛函空间 L_2，设 $u(x) \in L_2$，其范数定义为：

$$\| u \| = \left[\int_a^b u(x)^2 dx \right]^{1/2}$$

二、算子

今后，除特别声明外，我们只讨论巴氏空间。设有两个巴氏空间 M 及 M^*。若有一对应 A，使 M 中任一元素 x 与 M^* 中确定的元素 x^* 相对应，即：

$$x^* = Ax$$

则称 A 为由 M 作用到 M^* 的一个算子，或称 A 为定义在 M 中的一个算子。

设 x 和 y 为空 M 中任意两个元素，a 为任意实数，A 为定义在 M 中的一个算子。若

$$A(x+y) = Ax + Ay$$

$$A(ax) = a(Ax)$$

则称 A 为可加算子。

若算子 A 满足关系式

$$x = Ax$$

则称 A 为恒等算子，并记为 E！

如果算子 A 所建立的 M 与 M^* 中元素的对应

$$x^* = Ax \tag{5.2}$$

是相互的，即当 $x_1 \neq x_2$ 时，

$$Ax_1 \neq Ax_2$$

这时，可以讨论由（5.2）所确定的 M^* 的元素 x^* 与 M 的元素 x 的对应关系 A^{-1}，即

$$x = A^{-1}x^*,$$

它称为 A 的逆算子。显然，当 A 为可加算子时，A^{-1} 亦为可加算子。

设 A 和 B 为空 M 中任意两个算子，a 为任意实数，x 为 M 中的元素。算子的加法与数乘定义如下：

$$(A+B)x = Ax + Bx,$$

$$(aA)x = a(Ax)$$

设 A 为由空间 M 作用到 M^* 的算子，B 为由 M^* 用到 M^{**} 的算子。算子 A 和 B 的乘法定义为：

$$(BA)x = B(Ax)$$

积算子 BA 由 M 作用到 M^{**}。容易看出，当 A 和 B 均为可加算子时，BA 亦为可加算子

显然，

$$AA^{-1} = A^{-1}A = E$$

此外，不难验证，算子乘法满足结合律及分配律：

$$(AB)C = A(BC),$$

$$A(B+C) = AB + AC$$

设 A 为由空间 M 作用到空间 M^* 的算子，x 为 M 中的元素，若

$$\underset{x \in M}{SUP} \frac{\| Ax \|_{m^*}}{\| x \|_m}$$

为一有限数，则称其为算子 A 的模，并记作 $\| A \|$。这里 $\| x \|_m$ 表示在空间 M 中取模，$\| Ax \|_{m^*}$ 表示在空间 M^* 中取模。

当算子 A 有模时，可写：

$$\|Ax\| \leqslant \|A\|\|x\|$$

三、压缩映象原理及其推论

定理（压缩映象原理）设 A 为由巴拿赫空间 M 作用到 M 的有模算子，若

$$\|A\| < 1,$$

则 M 中有唯一的元素 $\bar{x}$ 满足关系式：

$$A\bar{x} = \bar{x},$$

而且，$\bar{x}$ 是序列

$$\{x_{n+1} = Ax_n\},(n = 1,2,3\cdots)$$

的极限，其中 x_1 是 M 中任意一个元素。$\bar{x}$ 称为算子 A 的不动点。

推论　设 A 为由巴拿赫空间 M 作用到 M 的算子，并且，

$$\|A\| < 1$$

这时，$E + A$ 有逆算子 $(E + A)^{-1}$。

第二节　问题求解泛函分析观

各种自然问题，各种社会问题，各种经济（预测）问题，各种金融（预测）问题，它们的求解过程，都是从问题的求解条件出发，设法获得问题的解答。这个求解过程，可以看作一种变换，一种映射，一种对应：把求解条件变换为（映射为，对应为）问题的解答。

泛函分析中，把变换（映射，对应）统称为算子，把求解条件称为算子的定义域，把问题的解称为算子的值域。一般，算子的定义域和值域都是一个泛函空间。定义域和值域的泛函空间可能是同一种泛函空间，也可能是不同种类的泛函空间。定义域和值域的泛

函空间可能是整个的泛函空间，也可能是这个泛函空间的某一个部分，这部分可能具有某些特殊的性质。

对于某些问题（某些算子）而言，当用不同方法选择其定义域和值域时，可能改变此问题的性质，可能改变其适定性。

泛函空间的元素（例如函数），亦称其中的点，按一定的定义方法具有自己的模（范数）。可以定义泛函空间的元素间（点间）求和，求差和数积运算。两个泛函空间的元素（点）的距离，即是它们差的范数。

对于某些问题（某些算子）而言，当用不同方法选择其定义域和值域的范数时，可能改变此问题的性质，可能改变其适定性。

有了距离的概念，就可以定义极限运算。如果在一泛函空间的某一部分（某一点集），其极限运算的结果（其收敛的点），仍属于这个部分（这个点集），那麽，这点集称为此泛函空间的闭集（列紧集）。

算子也可以定义模（范数）。一般，如果 X 和 Y 是两泛函空间，T 是 X→Y 的算子，那么可以定义 T 算子的模 ‖ T ‖ 。

对于一个算子而言，若其将定义域两相邻很近的两元素（两点）（在定义域模的意义下），变换为其值域的两元素（两点）的距离仍然很近（在值域模的意义下），则称此算子为连续算子。当一算子是一对一的算子时，可以定义其逆算子，即将其值域变换为其定义域的算子。

泛函分析中，有一个重要的逆算子连续定理（吉洪诺夫定理）。在上一章吉洪诺夫典型例子中，若限制变换 $\bar{C}_1 \rightarrow U$ 的值域，只是 U 的一个列紧集，则由 $u(x)$ 求 $z(s)$ 的问题是适定的。

综上所述，一个问题的性质，其适定性与非适定性，与联系本问题的三个要素有关：1）问题本身的提法，即相对于问题的算子的连续性；2）问题所选择的定义域（泛函空间）和值域（泛函空间)，或者是泛函空间的一部分（例如，其列紧集）；3）在上述两个泛函空间中所选取的范数。这便是非适定问题的泛函分析观。

第三节 非适定问题正则化

想办法将一个非适定问题转化（转换）为相应的（对应的）适定问题，或设法找出（具实际应用价值的）非适定问题的近似解，使其能连续依赖于原非适定问题的求解条件，称为非适定问题的正则化。可能有多种方法实现非适定问题的正则化。

1. 用限制（或改变）与非适定问题相对应的泛函算子的值域或定义域的方法，实现非适定问题的正则化

上节中介绍的吉洪诺夫定理，就是这种方法的典型。这里，只限制了与非适定问题相对应的泛函算子的值域。

2. 使用适当的数学手段，变换与非适定问题相对应的泛函算子，使对应于变换后的泛函算子的问题是适定的。

[9] 中，介绍了一个例子，说明在某些特殊的情况下，变换第一类积分方程的核，使其成为第二类积分方程，而对后者而言，相应的问题是适定的。

3. 非适定问题正则化的一般原则

吉洪诺夫在 [4] 中，给出了非适定问题正则化的一般原则。

假定 $\bar{z}(s)$ 是下面非适定问题第一类积分方程的对应于 $\bar{u}(x)$ 的唯一解。

$$A[x,z(x)] = \int_a^b K(x,s)z(s)ds = u(x);c \leqslant x \leqslant d$$

非适定问题正则化的一般原则：函数族 $z^{\alpha}(s)$ 称为上述非适定问题的近似解的正则化函数族，（ α 为一参数）如果它满足下述二

条件：

1. 当 $\alpha \to 0$ 时，

$$u_\alpha = A[x, z^\alpha(s)] \to \bar{u}(x);$$

2. 对于任意的 α，函数 $z^\alpha(s)$ 属于包含函数 $\bar{z}(s)$ 的函数类（泛函空间）Z。而且，当 $\alpha \to 0$ 时，正则化函数族一致收敛于原唯一解 $\bar{z}(s)$。

（当然，上述文字中的收敛，都是在对应的泛函空间的范数意义下）

非适定问题可能有准确解（如上面假定的 $\bar{z}(s)$），由于这个解不连续依赖于其求解初始条件，因此，此解没有实际使用价值。为了寻找有使用价值的（连续依赖于求解条件的）近似解，就要设法求得其正则化函数族。

第四节　非适定问题光滑化泛函

仍然讨论我们的老问题，设法从已给的 $u(x)$ 求解 $z(x)$。这个问题是一个非适定问题。

$$(z \in \bar{C}_1; u \in L_2)$$

$$A[x, z(x)] = \int_a^b K(x,s) z(s) ds = u(x); c \leqslant x \leqslant d$$

如上节所述，为使这个问题适定化，要设法使其正则化。就要设法求得其正则化函数族。

1. 非适定问题光滑化泛函

设已给函数 $\bar{u}$。讨论与其相对应的下面的泛函：

$$M^\alpha[z(s), \bar{u}(x)] = N[z(s), \bar{u}(x)] + \alpha\Omega[z(s)];$$

$$N[z(s), \bar{u}(x)] = \int_c^d [A[x, z(s)] - \bar{u}(x)]^2 dx;$$

$$\Omega[z(s)] = \int_a^b [k(s)z(s)^2 + p(s)z^2(s)]ds; k(s) > 0, p(s) > 0;$$

称泛函 $\Omega(z)$ 为上述非适定问题的正则化泛函（正则算子），M^α 为其光滑化泛函（展平泛函）。

2. 光滑化泛函的性质

定理 1（吉洪诺夫）

对任意的 $\bar{u}(x) \in L_2$，存在唯一的连续可微函数 $z^\alpha(s)$，它能实现泛函 M^α 的最小值。

定理 2（吉洪诺夫）

如 $\bar{z}(s) \in \overline{C}_1$，$\bar{u}(x) = A[x, \bar{z}(s)]$，

则对于任意 $\varepsilon > 0$，能找到相应的 $\alpha_0(\varepsilon, \bar{z})$，使得对于所有的 $\alpha < \alpha_0(\varepsilon, \bar{z})$ 成立

$$|z^\alpha(s) - \bar{z}(s)| < \varepsilon;$$

定理 3（吉洪诺夫）

如果 $\bar{z} \in \overline{C}_1$，则对任意的 $\varepsilon > 0$ 和任意的两个辅助正数 $0 < r_1 < r_2$，能找到：

$\delta_0(\varepsilon, r_1, r_2, \bar{z})$

使得：如果

1）函数 $\overset{*}{u}_\delta(x)$ 和函数 $\bar{u}(x)$ 的范数差小于 δ，即

$$\| \overset{*}{u}_\delta(x) - \bar{u}(x) \| < \delta;$$

2）当 $\bar{\alpha} = \bar{\alpha}(\delta)$ 满足条件：$r_1 \leqslant \delta^2 / \bar{\alpha} \leqslant r_2$

那么，在 $\delta \leqslant \delta_0(\varepsilon, r_1, r_2, \bar{z})$ 时，实现光滑化泛函 $M^{\bar{\alpha}}[z, \overset{*}{u}_\delta(x)]$ 最小值的函数 $\overset{*}{z}{}_\delta^{\bar{\alpha}}(s)$ 将属于函数 $\bar{z}(s)$ 的 ε 邻域，即

$$|\overset{*}{z}{}_\delta^{\bar{\alpha}}(s) - \bar{z}(s)| < \varepsilon$$

这样，理所当然地取函数族 $\overset{*}{z}{}_\delta^{\bar{\alpha}}(s)$ 作为我们的非适定老问题的正则化函数族。（$\delta \leqslant \delta_0$）称 δ_0 为我们的非适定老问题的正则化参数。

第五节 数学物理中各种非适定问题举例

本书作者50年前在莫斯科大学物理系读研究生［13］，师从苏联科学院通讯院士依里印，编制在物理系数学物理教研室，主任是苏联科学院院士、非适定问题大师吉洪诺夫教授。

作者曾有幸多次听取吉洪诺夫院士的非适定问题的学术报告，并认真阅读他发表的非适定问题文章。现将当时（50年前）作者做的听讲记录和读书笔记的部分内容摘录如下。

一、非适定问题简史

1903年，法国人 H”adamas 举出一例，说明 Laplace 方程的 Cauchy 问题是非适定的。由于当时历史条件限制，他还武断地说：非适定问题不值得研究。过了30多年，由于勘探方面的需要，Новиков 探讨了 Newton 位势理论逆问题解的唯一性。后来吉洪诺夫把非适定问题做了初步的分类：他划定了一个范围，如果在此范围内，寻找非适定问题的解，则此问题是稳定的。尽管苏联科学院院长 Лаврентьев 在20世纪50年代发展了上述二人的结果，非适定问题仍然没有完善地解决（没有分析解法和定性研究）。直到1963年，吉洪诺夫在这方面取得显著的进展（如上节所述），并且在电子计算机上验证了他的结果。

二、非适定问题的原始提法（非适定问题概念的泛指性）

在非适定问题的原始提法中，问题的性质（问题的适定性）是泛指的，即指问题的解的存在性，解的唯一性和解对求解条件的连续依赖性。三者（存在性，唯一性和连续依赖性）都成立时，问题的性质才确定为适定的；三者三缺一时（三者只成立一者或二者时)，问题的性质都确定为非适定的。

设 P 和 Q 是两个度量（泛函）空间。讨论数学物理问题

$$p(x) = K[x, q(y)], p(x) \in P, q(y) \in Q \quad (5.10)$$

如果：

1. 对于所有的 $q(y) \in Q$，存在相应的 $p(x) \in P$，$p(x)$ 和 $q(y)$ 满足（5.10）。

2. 对任意的 $q(y) \in Q$，相应的 $p(x) \in P$ 是唯一的。

3. 在相应的 P 和 Q 的度量（范数）意义下，解 $p(x)$ 连续依赖于 $q(y)$。

在上述三条件均成立时，数学物理问题（5.10）叫作适定的。否则，只要三者有一者不成立，问题（5.10）叫作非适定的。

三、经济金融（研究，预测）问题的非适定性概念的狭义性

对于经济金融（研究，预测）问题，问题的解的存在性是显然成立的，而问题的解的唯一性一般是没有意义的。因此，对于经济金融（研究，预测）问题而言，问题的解的连续依赖性等同于问题的适定性。这样，经济金融（研究，预测）问题的性质，其适定性和非适定性，只是一种狭义的提法。

对于经济金融（研究，预测）问题的非适定性的研究，不但要研究其适定性性质，更重要的是设法解算这种非适定性问题，以求预测的（较）准确性。同时，要研究解算问题的软件，编制相应的程序。

四、数学物理中，非适定问题举例

1. 控制问题的非适定性

讨论（最佳）控制理论问题

$$dx/dt = f(t, x, u), x = (x_1, \cdots, x_n), u = u(u_1, \cdots, u_m);$$

$$x(t_0) = x_0$$

要求在函数类 U 中，选择控制函数 $u=u(t)$，使得相应的解 $x=x(t)$ 实现控制泛函 $F[x]$ 的最小值。

显然，如果 $u^* = u^*(t)$ 是所求的控制函数，即

$$\underset{u\in U}{INF}F[x(u)] = F[x(u^*)] = F_0$$

那么，很容易找到另一个控制函数 $u^{**}\in U$，使得

$$F[x(u^{**})] \leqslant F_0 + \varepsilon$$

此处，ε 可任意小，而 $\| u^* - u^{**} \|$ 可取任意大的数值。

现举例说明控制问题的非适定性。

研究气象火箭在均匀大气层中的飞行情况。

设火箭质量为 $M(t)$，速度为 $V(t)$。火箭垂直上升的方程可写为

$$dV/dt = 1/M(t)[V_r u(t) - cV^2(t)] - g;$$

$$dM/dt = -u(t)$$

其中，$u(t)$ 是控制火箭运动的函数，表示单位时间内火箭质量变化情况。控制作用是由燃料燃烧过程实现的。V_r，c，g 是物理常数。

如果讨论在控制 $u(t)$ 下火箭上升的最大高度问题，则这个问题是非适定的。即在（在某种意义下）相差很大的两个控制下，火箭上升的高度可能相差不大。

2. 数学物理方程中的非适定问题

数学物理方程中有许多的非适定问题，现只举一简单的例子。

讨论 R 中的传热问题。

$$a(x)\frac{\partial u(x,t)}{\partial t} = \frac{\partial^2 u(x,t)}{\partial x^2}; \qquad (5.11)$$

$$u(0,t) = \varphi_1(t), u(l,t) = \varphi_2(t); u(x,0) = \psi(x); \qquad (5.12)$$

$$R: 0 \leqslant x \leqslant l, 0 \leqslant t \leqslant T$$

设在 R 中定义的函数 $u(x, t)$ 满足（5.12）。现求相应的 $a(x)$，使得此 $u(x, t)$ 成为（5.11）和（5.12）在 R 中的解。

这个问题是非适定的。

3. 势论中的非适定问题

场论在物理学中享有重要位置：重（引）力场，电场，热场等场中，都建立了相应的势理论。由已知分布区域和密度求势的问题称为势论的正（演）问题；反之，由已知势和其分布区域求其密度的问题称为势论的反（演）问题。一般情况下，势论的反（演）问题是非适定的。

4. 复变函数中的非适定问题

（无线电）物理中，广泛使用复变函数理论。复变函数的解析拓展属非适定问题。

复变函数 $f(z)$ 从边界 L_1 到 L_2 的解析拓展公式为：

$$f(z) = \frac{1}{2\pi i}\int_{L_2}\frac{f(\zeta)}{\zeta - z}d\zeta;z \in L_1;\zeta \in L_2$$

这是一个第一类型的积分方程。

5. 谱分析中的非适定问题

谱分析是许多物理研究中经常使用的技术。

周期为 2π 的函数 $f(x)$ 的福氏展开可写为：

$$\sum_{k=-\infty}^{\infty} c_k \exp(kxi)$$

其中福氏系数

$$c_k = \frac{1}{2\pi}\int_{-\pi}^{\pi} f(u)\exp(-kui)du$$

它与 $f(x)$ 的关系属第一类积分方程，因此，常显非适定性。

当然，在泛函分析研究中，由算子的谱寻求算子的问题，亦属非适定问题。

6. 其他数学领域中的非适定问题

在计算数学（特别是许多问题的数值解法）中，在线性规划中（当规划矩阵存在线性相关时），在实变函数研究中，在许多非线性问题研究中，存在大量的非适定问题。

以上所述，是作者50年前对非适定问题的认识，对其广泛性和重要性的认识。半个世纪过去了，人们对非适定问题有了更深刻的认识，非适定问题在自然界和社会生活中得到更广泛的应用［5］。随现代科学技术的进步，有些人甚至认为，人们在改造自然和社会生活中，将遇到更多的非适定问题。非适定问题和适定问题可能“一样多”。

第六章　经济金融预测的准确性

一、经济金融预测的不准确性是客观的存在

许多经济学家在著作中，为他们所作的经济预测和经济模型的不准确性辩护，甚至引用物理学中的“测不准原理”［3］。1927年，物理学家海森堡提出了量子力学的“测不准原理”。通俗地说，为了预测一个物体的运动状态，必须准确测量它的位置和速度。测量时，必须施加一个物理作用于被测对象之上，这样，被测对象的位置和速度都要受影响。因而，影响测量的结果。

“测不准原理”不但适用于物理学范围，而且，适用于任何自然现象和社会现象，当然，也适用于经济金融预测。

本书从加减法的特征出发，最通俗地介绍了非适定问题的概念，并将其应用于经济金融预测问题，从而揭示了非适定现象和经济金融预测不准确的深层原因和客观原因。太多的经济金融概念，金融经济指标，金融经济计算和金融经济预测中使用减法运算，而减法运算常显非适定性。非适定性是经济金融预测不准确的直接原因，客观原因。无论预测方法怎么先进，无论预测参数估计的怎么准确，都逃脱不了非适定性的制约。

二、经济金融预测非适定问题的一般提法

现使用泛函分析语言，明确经济金融预测非适定问题的一般提法。

将经济金融指标的取值视为某泛函空间元素。设某项经济金融指标的变化区域为某巴那哈空间 R 的集合 A，预测（工作）可视为定义在 A 上的值域为 A 的一个（非线性）算子 H。已知巴那哈空间元素 a，X，Y：

由（预测）算子 F，可得 FX 和 FY，且

$$\| FX - X \| \leqslant \varepsilon$$

$$\| FY - Y \| \leqslant \varepsilon$$

$$a = X - Y$$

此处，ε 是一足够小的正数，$\| \ \|$ 为此空间的范数（模）。

试问，在何情况有：

$$\| (FX - FY) - a \| \leqslant \varepsilon$$

设法解算上述非适定问题，是预测科学的一个难题。

三、绝对准确的经济金融预测理论上是存在的

由于预测问题的非适定性，虽然各种预测工作中使用了多种近代离散和连续数学工具，许多预测结果（特别是“差值”型指标的预测）仍难于完全准确，从问题的非适定性观察，这是自然的。

如上所述，设某项经济金融指标的变化区域为某巴那哈空间 R 的集合 A，预测（工作）可视为定义在 A 上的值域为 A 的一个算子 H。如能显现算子 H 的模小于1，那么，根据压缩映象原理，可找到不动点 X，使：

$$H(X) = X,$$

这时候，对 X 的预测是绝对准确的，即绝对准确的预测理论上是存在的。

其实，许多技术经济指标变化很慢，例如，投入产出中的系数，其本年取值和下一年取值有时基本相同。这时，下年的预测值与本年取值可能是同一数值，也就是上述不动点的取值。

四、经济金融预测要拒绝“瞎猫碰上了死耗子”

现实的预测过程应该是实践，认识，再实践，再认识的无穷反复。在每次反复时，预测手段会更先进，预测方法会更科学，预测结果会臻至完全准确，预测结果更少非适定性。

不少社会上组织的山寨式“预测比赛”中，有些“拍脑袋”“凭经验”“凭感觉”的预测偶尔是“准确的”，那只是**“瞎猫碰上了死耗子”**。

经济金融预测是一门科学，要保持和维护其科学性和严肃性。经济金融预测机构，要明确经济金融预测工作的客观性质，同时，要努力克服经济金融预测的非适定性，要不断提高自己预测结果的准确性，要以客观经济实践的结果，检验自己预测的准确性，不断改进自己预测方法，以提高本机构的预测权威性。

五、综合经济金融预测可能非适定性评价

仍以国民经济（宏观经济）年度预测为例，评价综合经济金融预测可能非适定性。由于是年度预测，不可能不与上年度进行比较，因此，难免使用大量的增加数增长率指标。

下面是国民经济（宏观经济）年度预测常用的指标体系：

1. 全国人口总数，增加数，增长率；
2. 国内生产总值（GDP），增加数，增长率；
   A. 第一产业增加值，增加数，增长率；
   B. 第二产业增加值，增加数，增长率；
   C. 第三产业增加值，增加数，增长率；
3. 人均 GDP，增加数，增长率；
4. 全国消费者物价指数 CPI；
5. 全民失业率；
6. 全社会固定资产投资额，增加数，增长率；

7. 全国吸引外商投资额 FDI，增加数，增长率；

8. 全国对外投资额，增加数，增长率；

9. 全年进出口额，增加数，增长率；

  A. 全年商品出口额，增加数，增长率；

  B. 全年商品进口额，增加数，增长率；

  C. 全年服务进口额，增加数，增长率；

  D. 全年服务出口额，增加数，增长率；

10. 国家财政收入，增加数，增长率；

11. 国家财政支出，增加数，增长率；

12. 国家财政赤字额，占 GDP 的比例；

13. 社会流通货币 M0 ，增加数，增长率；

14. 社会狭义货币 M1，增加数，增长率；

15. 社会广义货币 M2 ，增加数，增长率；

16. 国际收支经常项目差额，占 GDP 的比例；

17. 国际收支资本项目差额，占 GDP 的比例；

18. 国家外汇储备额，增加数，增长率；

19. 年末本币对美元汇率；

20. 全国股市市价总值，占 GDP 的比例；

以上近 30 项国民经济（宏观经济）年度预测指标中，增加数指标，增长率指标；差额指标，指数指标，占比例较大，它们的预测可能产生非适定现象。除此以外，各项指标的绝对值的预测，大都是适定的。这样，国民经济（宏观经济）年度预测，是一项非适定性风险较高的工作，是一项困难的工作。各项指标的绝对值的预测，要争取 100% 的准确，增加数指标，增长率指标；差额指标，指数指标预测，要尽量提高其预测准确度！

六、非适定概念对经济（金融）统计的启示

经济金融预测的非适定概念和处理方法，对经济（金融）统计

应有所启示。许多经济统计数据（特别是价值型数据）是用数理统计方法，经抽样再加权平均得出的。取样过程和权数确定，难免出现误差。对于这种误差，也应从非适定概念对待和处理。尤其是对增加数，增长率，差值和指数价值型统计数据，应持非适定性观点。实物型经济统计数据，误差往往较少，可信度较高。

金融统计往往要求严格，按金融会计原则，一分一厘不得有误。非适定概念对金融统计影响不大。

参 考 文 献

齐忠涛．不适定问题和 Tikhonov 正则化方法［J］．装甲兵工程学院学报：1996，10（2）．

王潼．热势论［M］．北京：中国科学出版社，1981.

王潼．金融势与经济势［M］．北京：中国经济出版社 ，2006.

王潼．经济预测科学的一个难题［J］．数量经济技术经济研究：2007（4）：160.

王潼．电子金融势与期权定价［M］．北京：中国时代经济出版社，2011.

王潼．物理经济学［M］．北京：中国时代经济出版社，2012.

王潼．我的莫大研究生学习生活［M］．希望寄托在你们身上：第四集．北京：中国质检出版社，2013：209－217.

王潼．中俄改革开放战略和实践的客观评价［M］．俄罗斯研究：北京：北京大学出版社，2013.

王潼．个人中英俄文网站 http：//wangtong. cei. com. cn.

肖庭延．第一类算子方程的数值解法［R］．2003.

Fischer Black and Myron Scholes. The pricing of options and corporate liabilities［J］. *Journal of Political Economy*，1973，05－06（81）：637－654.

Klein. Lectures in Econometrics［M］. 克莱茵. 计量经济学教程［M］. 国家信息中心经济预测部经济预测处，译. 王潼等，校. 上海：复旦大学出版社，1991.

Тихонов. О решении несорректно поставленнной задачи и методе регурирования. ДАН，151，3，1963.

后　　记

我1958年毕业于南开大学数学系，1965年又毕业于莫斯科大学研究生院，获数学物理副博士学位。在莫斯科大学，我师从苏联科学院依里因通讯院士，编制在莫斯科大学物理系数学物理教研室，主任是苏联科学院吉洪诺夫院士。他是非适定问题研究的权威。我有幸多次聆听他关于非适定问题的学术报告和学习他的非适定问题论文，用俄文写成近50页的读书笔记，一直保留到今天。

我在苏学习期间，共在苏联国家级学术杂志发表有关数学物理论文7篇，它们都是由吉洪诺夫院士推荐的。1980年，我回国后出版的第一部学术著作“热势论”，是一部典型的数学物理著作。

1983年，我转业到国家计委，开始了我的经济（预测）工作。1985年，我国开始了金融体制改革。1986年，宋平主任交给我一项金融研究工作。从此，我从未放弃金融研究和金融预测。

1984年，我在国家计委的第一篇预测报告，受到当时我国最高领导人的表扬。以后的30多年，我一直从事各种经济和金融预测。

我现在年近八旬，回想我的预测生涯，为我的成功而高兴；也为我的失败而痛苦。痛定思痛，我重温了50年前的非适定问题读书笔记，才恍然大悟。原来，经济和金融预测工作都具有非适定性。这是预测不准确的客观原因。我反复思考，深入琢磨，探讨经济和金融预测非适定表现，寻找非适定性的客观原因，深挖其学术根源，最终写成本书。

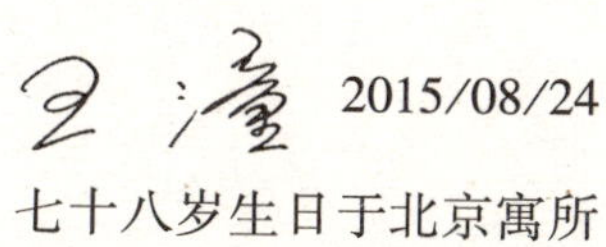

2015/08/24

七十八岁生日于北京寓所

附　录

以电动力学观点看待商品和货币流通

——实体经济和虚拟经济

我2012—2014年在中国科学院为研究生讲了三年“物理经济学”[7]，讲课后，作为心得，写作了下面的论文“以电动力学观点看待商品和货币流通”，它是典型的交叉学科论文。现附在本书，以飨读者。

一、商品和货币流通的电动力学观

人们在初中学习物理时，就已知晓电磁感应现象：导体做切割磁力线的运动时，会在导体内感应产生电流；电流在导体内流动时，会在导体周围感应产生磁场。

直到大学三年级，再学习电动力学（物理场论）时，人们才树立了“场”的概念，并进一步明确了电场及磁场的关系。电动力学的核心内容是麦克斯韦尔方程组。它是含有四个偏微分方程的方程组，它不仅分别描述了电场和磁场的行为，也描述了它们之间的关系。

在麦克斯韦方程组中，电场和磁场已经成为一个不可分割的整体。麦克斯韦方程组的核心思想是：变化的磁场可以激发电场，变化的电场可以激发磁场；电场和磁场不是彼此孤立的，它们相互联系、相互激发的而组成一个统一的电磁场。这就是现代电动力学观。

现代物理学证明了电磁场的物质性，电场和磁场都是物质存在的不同形式。既然电磁场具物质性，我们就可以用其概念和理论研究和描述人类的物质（商品和货币）活动，研究和描述社会商品和社会货币流通。人所共知，电场和磁场都是矢量场，因此，我们自然就可以用矢量场的基本数学工具（矢量的数积，矢积，矢量的梯度，散度和旋度，以及相应的偏微分方程），研究和描述社会商品和货币流通。

二、商品场理论（各种经济形态研究）

从某时刻起的单位时间内，在以某点为中心的单位面积上保有的某种商品的数量叫作该种商品的社会保有量密度函数。（社会某种商品整体库存密度函数）某种商品的社会保有量包括生产者，国内外商业和贸易经营者等所有保有（库存）的某种商品，以及运输在途的某种商品。（某种商品可能作为产成品库存，商店库存，商店货架上待卖的商品，外贸公司库存或其他在车站，码头和机场等库存）。

使用场论的基本数学工具，可以得到某种商品的社会保有量密度函数所满足的偏微分方程。它称为商品流通方程，它是一个二阶抛物型偏微分方程，它是理论上研究各种经济形态的有力工具。

以下给出一些不同经济形态的理论描述。

1. 封闭经济

封闭经济是指与其外部无商品交换的经济，或对外商品流动速度为零的经济。

朝鲜经济和2000—2008年的台湾地区经济是典型的封闭经济。

2. 对外纯交换经济

如果本区域S（本国）内的商品生产与消耗（包括消费和投资）保持动态平衡，这时，经济的变化纯依靠流入和流出（进出口)，称此种经济为对外纯交换经济。

香港和澳门特区经济，世界许多小国经济和旅游岛国（地区）经济属对外纯交换经济。

3. 一般开放经济

当给定商品对外流通的某些条件后，可称区域 S 上的经济为对外开放经济。大部分发展中国家经济属一般开放经济。

4. 电子商务和电子金融时代的新经济

与传统经济相区别，电子商务和电子金融时代的新经济在宏观上有许多特征，其最显著的是社会商品库存取最小值，即在一定时历史时期内（一个从 t1 到 t2 的时间段内），全社会商品库存（量、值）取最小。

我国和一些发达国家已进入电子商务和电子金融时代的新经济。

三、商品场和（静）电场的异同

1. 商品场和（静）电场的相似

和（静）电场一样，使用现代偏微分方程理论，可以证明，商品场是有势场，并为其建立势函数。商品场势函数是解算上述各种经济形态理论问题的有力工具!

和电场中电子由电势高处流向电势低处一样，可以证明，商品场中，商品由商品势高处，流向商品势低处。

（静）电场有场强，商品场也有商品场强度。可以证明，在强势商品场中，商品流通速度，比在弱势商品场中为快。商品周转快，是经济效益之所在，是经济竞争优势之所在!

2. 商品场和（静）电场的相异

（静）电场的场源是电荷，它在（静）电场中运动时，其物理形态和物理特征不会发生变化。商品场的场源是商品生产（亦称商品生产源）。商品在商品场流通时，其经济形态和物理形态都会变化。作为产成品的商品进入流通后，它可能变为投资品，消费品或出口品。

消费品的物理形态最容易变化：吃的商品被吃掉，穿的商品被扔掉，用的商品被报废等等。

四、货币场理论

使用物理场论的概念和其数学方法，可以研究和描写货币的流通，并建立货币场理论。观察货币场的物理量是货币流通密度函数，它表示在某时刻，在以某点为中心的单位面积上的货币流通量，它满足二阶线性抛物型偏微分方程。

这方程描写了货币运动的一般规律。方程中含有货币投放函数，货币回笼函数，货币净投放函数，货币净回笼函数。

此方程说明：货币场（货币流通密度函数）分布关于时间的变化率等于其梯度场的散度与货币流通系数的乘积，货币场梯度与货币流通系数场梯度的数积及净投放函数三者之和。

可以为货币流通密度函数设定不同的初始条件和边界条件，并研究不同类型的货币场中的货币流通问题。

五、商品场和货币场关系的电动力学观

正像电动力学中研究电场和磁场的关系一样，可研究商品场和货币场的关系。

正如电场和磁场在一定条件下可以互相转换一样，商品场和货币场在一定条件下也可以互相转换。

显然，商品持有者欲变为货币持有者，其条件是其商品可在社会中销售。可销售的前提是其商品满足社会（生产，消费，投资或出口等）需求，且在质量，花色和价格等方面具有竞争优势。

显然，货币持有者欲变为商品持有者，其条件是在社会中购买。

货币持有者可能为生产者，消费者，投资者或出口商等。可购买的前提是其购买的商品满足自身需求，且其购买的商品在质量，花色和价格等方面具有竞争优势。

商品场和货币场的互相转换，实际上是生产者，消费者，投资者或出口商等“一手交钱，一手交货”的经济交易。

如前所述，商品在商品场流通时，其经济形态和物理形态都会变化。但是，货币（例如现金）在货币场流通时，其经济形态和物理形态都不变化。如果把一个国家的银行体系视为一个整体，那么，当现金被禁止流出此国家时，此国家内的现金从其银行体系流出（现金投放），最终，又流回该银行体系（现金回笼）。这个过程，说明货币（例如现金）的流通路径是封闭的，犹如磁场中的磁力线永远是封闭曲线一样。但是，商品场中，商品流通路径是开放的，发散的。